W0053013

Das letzte Geheimnis von Fatima

Crista Kramer von Reisswitz

Das letzte Geheimnis von Fatima

Johannes Paul II.
bricht das Schweigen

Pattloch

Für Donata und Georg-Albrecht,
Karl-Georg und Christine

Die Deutsche Bibliothek – CIP-Einheitsaufnahme

Ein Titelsatz für diese Publikation ist bei
Der Deutschen Bibliothek erhältlich.

Bildnachweis: S. 13, 19, 29, 32, 39, 59, 80 © Grzegorz Galazka;
S. 70 © Servizio Fotografico de „L'O.R.", 00120 Città del Vaticano

© 2000 Pattloch Verlag GmbH & Co. KG, München

Umschlaggestaltung: Daniela Meyer, München
unter Verwendung von Fotos der KNA-Bild, Frankfurt am Main
Satz und Layout: Ruth Bost, Pattloch Verlag, München
Druck und Bindung: Clausen & Bosse, Leck
Printed in Germany

ISBN 3-629-01629-4

Inhalt

Einleitung

Das bestgehütete Geheimnis der jüngeren Kirchengeschichte ist gelüftet. Das Schlüsselwort lautet: Buße. Düster, blutrünstig und beunruhigend ist sie, die dritte Prophezeiung von Fatima. Doch keine Angst. Der Vorhang vor der Zukunft wird nicht aufgerissen. Es gibt keine Enthüllungen über das Weltende oder den weiteren Verlauf der Geschichte. Nach Auslegung der katholischen Kirche gehört das Geschehen des sagenumwobenen Geheimnisses, das die Muttergottes am 13. Juli 1917 drei Hirtenkindern anvertraut hat, bereits der Vergangenheit an.

Es handelt sich um das Schicksal der Kirche im 20. Jahrhundert, um ihre Verfolgung durch die atheistischen Systeme und um den Kreuzweg der Päpste in dieser schwierigen Zeit, der mit den Schüssen Ali Agcas am 13. Mai 1981 auf dem Petersplatz seinen Höhepunkt errichte. Die mysteriöseste Aussage der Prophezeiung: „Ein weißgekleideter Bischof wird von einer Gruppe von Soldaten mit Schüssen aus Feuerwaffen und Pfeilen getötet." Ist das Opfer wirklich dieser Papst? Oder ist es vielleicht ein anderer aus der Vergangenheit – vielleicht sogar einer aus der Zukunft, der tatsächlich von Soldaten getötet wird? Manche erinnern sich, dass Papst Paul VI. bei seinem Besuch auf den Philippinen nur knapp einem Attentäter entging, der ihn mit einem malaysischen Krummdolch unter dem Herzen verletzte. Oder war dieser weiße Bischof vielleicht Erzbischof Oscar Romero aus dem lateinamerikanischen El Salvador, der am Altar erschossen wurde? Alles Spekulation: Der Papst wusste sofort nach dem Attentat, dass es sein Schicksal war, welches im dritten Geheimnis von Fatima vorausgesagt worden war. Die Hirtenkinder ahnten im Augenblick der Vision nur, dass es sich um den Papst handelte, aber sie wussten nicht um welchen …

Für Papst Johannes Paul II. ist das Jubiläumsjahr 2000 ein Jahr der Wahrheit und der prophetischen Gesten. Er hat gut daran getan, ein für alle Mal mit Spekulationen über das dritte Geheimnis von Fatima Schluss zu machen. Seine Entscheidung das Geheimnis zu veröffentlichen, hat bei den Kardinälen in aller Welt und bei seinen hohen Kurienmitarbeitern nicht nur Freude und Zustimmung, sondern auch Kritik ausgelöst. Doch im Jahr 2000 hat der Papst schon öfters bewiesen, dass er seinen Willen durchsetzt. Intuitiv hat er während seines Besuchs im Heiligen Land im März, wie jeder andere Besucher der Klagemauer in Jerusalem auch, ein Zettelchen mit einem Gebetsanliegen zwischen die Quadern gesteckt. Und gegen den Willen vieler Kirchenhistoriker hat er ein Schuldbekenntnis für die Irrtümer der Kirche in den vergangenen Jahrhunderten abgelegt – in der wohl vergeblichen Hoffnung, die Angehörigen der anderen christlichen Konfessionen würden seiner großzügigen Geste eigene Schuldbekenntnisse folgen lassen. Der Zeitpunkt für die Veröffentlichung des dritten Geheimnisses ist richtig. Der Appell zu Buße und Umkehr ist angesichts der Glaubenskrise, des allgemeinen Werteverlusts und der verbreiteten moralischen Unordnung aktueller denn je. Eigentlich sollte die Seligsprechung der Hirtenkinder Jacinta und Francisco am 9. April 2000 auf dem Petersplatz in Rom stattfinden. Das Datum war bereits offiziell vom Vatikan angekündigt. Doch dann setzte der Papst seinen Willen durch und bewies mit der im letzten Augenblick ins Jubiläumsprogramm eingefügten Fatima-Reise, wie sehr ihm die kleinen Seher am Herzen liegen. Ihre Buß- und Opferbereitschaft für die Sünder passt ins Heilige Jahr. Die beiden seligen Hirtenkinder sollen nicht nur den Kindern in der Welt von heute ein Vorbild sein, sondern vor allem auch den Erwachsenen. Pater Paolo Molinari, der römische Beauftragte für den Seligsprechungsprozess, erklärte im Gespräch mit der Verfasserin: „Jacinta und Francisco zeigen den Menschen von heute, dass sie ihre Versprechen und ihre Gelübde einhalten müssen. Das gilt für vor Gott gegebene Versprechen wie das Ehegelübde, aber auch für Politiker, die oft große Versprechungen machen und sie dann nicht halten wie auch für viele andere Gebiete. Die Kinder von Fatima hatten der Muttergottes gelobt, die ihnen anvertrauten Geheimnisse nicht weiterzuerzählen. Und sie nahmen Drohungen und Prügel auf sich, um dieses Geheimnis zu hüten, denn ein Versprechen war für sie ein Versprechen."

Kardinal Joseph Ratzinger, der Präfekt der Kongregation für die Glaubenslehre, einer der wenigen Menschen, die das dritte Geheimnis von Fatima bisher kannten, hat vom Papst den Auftrag erhalten, es nun mit einem Kommentar zu veröffentlichen, der die Prophezeiung für den Gläubigen von heute richtig einordnet und vor neuerlichen Spekulationen schützt. Noch nie ist es in den vergangenen Jahrzehnten vorgekommen, dass ein solch wichtiger Text vom Vatikan angekündigt wurde, ohne dass er bereits fertig vorbereitet in der Schublade lag. Kardinal Ratzinger hebt in seinem Kommentar hervor: „Private Enthüllungen sind keine Glaubenswahrheit der Kirche." Dem Christen ist es völlig freigestellt, an Erscheinungen zu glauben oder nicht. Wichtig sei nur, dass er an den Inhalt des Evangeliums glaubt.

Rom, den 29. Juni 2000   *C.K.R.*

Der Originaltext der Offenbarung von Fatima

(Aus dem Portugiesischen übersetzt durch den Vatikan)*

„J.M.J.

Der dritte Teil des Geheimnisses, das am 13. Juli 1917 in der Cova da Iria, Fatima, offenbart wurde.

Ich schreibe aus Gehorsam gegenüber Euch, meinem Gott, der es mir aufträgt, durch seine Exzellenz, den Hochwürdigsten Herrn Bischof von Leiria, und durch Eure und meine allerheiligste Mutter.

Nach den zwei Teilen, die ich schon dargestellt habe, haben wir links von Unserer Lieben Frau etwas oberhalb einen Engel gesehen, der ein Feuerschwert in der linken Hand hielt; es sprühte Funken und Flammen gingen von ihm aus, als sollten sie die Welt anzünden. Doch die Flammen verlöschten, als sie mit dem Glanz in Berührung kamen, den Unsere Liebe Frau von ihrer rechten Hand auf ihn ausströmte: den Engel, der mit der rechten Hand auf die Erde zeigte und mit lauter Stimme rief: Buße, Buße, Buße! Und wir sahen in einem un-

---

* In der Übersetzung wurde der Originaltext auch in den Ungenauigkeiten der Interpunktion beachtet.

geheuren Licht, das Gott ist: „etwas, das aussieht wie Personen in einem Spiegel, wenn sie davor vorübergehen" einen in Weiß gekleideten Bischof „wir hatten die Ahnung, dass es der Heilige Vater war". Verschiedene andere Bischöfe, Priester, Ordensmänner und Ordensfrauen einen steilen Berg hinaufsteigen, auf dessen Gipfel sich ein großes Kreuz befand aus rohen Stämmen wie aus Korkeiche mit Rinde. Bevor er dort ankam, ging der Heilige Vater durch eine große Stadt, die halb zerstört war und halb zitternd mit wankendem Schritt, von Schmerz und Sorge gedrückt, betete er für die Seelen der Leichen, denen er auf seinem Weg begegnete. Am Berg angekommen, kniete er zu Füßen des großen Kreuzes nieder. Da wurde er von einer Gruppe von Soldaten getötet, die mit Feuerwaffen und Pfeilen auf ihn schossen. Genauso starben nach und nach die Bischöfe, Priester, Ordensleute und verschiedene weltliche Personen, Männer und Frauen unterschiedlicher Klassen und Positionen. Unter den beiden Armen des Kreuzes waren zwei Engel, ein jeder hatte eine Gießkanne aus Kristall in der Hand. Darin sammelten sie das Blut der Märtyrer auf und tränkten damit die Seelen, die sich Gott näherten.

Tuy-3-1-1944"

veres que encontrava pelo
caminho; chegado ao cimo do
Monte, prostrado de joelhos
aos pés da grande Cruz foi morto
por um grupo de soldados que
lhe dispararam vários tiros e
setas, e assim mesmo foram
morrendo uns trás outros os
Bispos Sacerdotes, religiosos e
religiosas e várias pessoas secula-
res, cavalheiros e senhoras de várias
classes e posições. Sob os dois bra-
ços da Cruz estavam dois anjos
cada um com um regador
de cristal em a mão, N'êles reco-
lhiam o sangue dos Mártires e com
êle regavam às almas que se aproxi-
mavam de Deus. Tuy-3-1-1944

Original der letzten Seite des dritten Geheimnisses

Ein Kommentar von
Kardinal Joseph Ratzinger

„(…) So kommen wir endlich zu dem hier erstmals ungekürzt veröffentlichten dritten Teil des Geheimnisses von Fatima. Wie aus der vorangehenden Dokumentation hervorgeht, ist die Auslegung, die Kardinal Sodano in seiner Rede vom 13. Mai geboten hat, zuerst Schwester Lucia persönlich vorgelegt worden. Schwester Lucia hat dazu zunächst bemerkt, dass ihr das Gesicht, aber nicht seine Auslegung geschenkt wurde. Die Auslegung komme nicht dem Seher, sondern der Kirche zu. Sie hat aber nach der Lektüre des Textes gesagt, dass diese Auslegung dem entspricht, was sie erfahren hatte und dass sie von ihrer Seite diese Interpretation als sachgerecht anerkennt. Im Folgenden kann also nur noch versucht werden, diese Auslegung von den bisher entwickelten Maßstäben her zu begründen und zu vertiefen.

Wie wir als Schlüsselwort des ersten und zweiten Geheimnisses ‚salvare le anime‘ (die Seelen retten) erkannten, so ist das Schlüsselwort dieses Geheimnisses der dreimalige Ruf: ‚Penitenza, Penitenza, Penitenza‘ (Buße, Buße, Buße)! Wir werden an den Anfang des Evangeliums erinnert: ‚Tut Buße und glaubt an das Evangelium‘ (Mk 1,15). Die Zeichen der Zeit verstehen heißt: die Dringlichkeit von Buße – Umkehr – Glaube begreifen. Das ist die richtige Antwort auf den historischen Augenblick, der von großen Gefahren umstellt ist, die in den folgenden Bildern gezeichnet werden. Ich darf hier eine persönliche Erinnerung einflechten: In einem Gespräch hat Schwester Lucia mir gesagt, ihr werde immer deutlicher, dass das Ziel der ganzen Erscheinungen gewesen sei, mehr in Glaube, Hoffnung und Liebe einzuüben – alles andere sei nur Hinführung dazu.

Gehen wir nun etwas näher auf die einzelnen Bilder ein. Der Engel mit dem Flammenschwert zur Linken der Muttergottes erinnert an ähnliche Bilder der Geheimen Offenbarung. Er stellt die Gerichtsdrohung dar, unter der die Welt steht. Dass sie in einem Flammenmeer verbrennen könnte, erscheint heute keineswegs mehr als bloße Fantasie. Der Mensch selbst hat das Flammenschwert mit seinen Erfindungen bereitgestellt. Die Vision zeigt dann die Gegenkraft zur Macht der Zerstörung – zum einen den Glanz der Muttergottes, zum anderen, gleichsam aus ihm hervorkommend, den Ruf zur Buße. Damit wird das Moment der Freiheit des Menschen ins Spiel gebracht: Die Zukunft ist keineswegs unabänderlich determiniert, und das Bild, das die Kinder sahen, ist kein im Voraus aufgenommener Film des Künftigen, an dem nichts mehr geändert werden könnte. Die ganze Schauung ergeht überhaupt nur, um die Freiheit auf den Plan zu rufen und sie ins Positive zu wenden. Der Sinn der Schauung ist es eben nicht, einen Film über die unabänderlich fixierte Zukunft zu zeigen. Ihr Sinn ist genau umgekehrt, die Kräfte der Veränderung zum Guten hin zu mobilisieren. Deswegen gehen fatalistische Deutungen des Geheimnisses völlig an der Sache vorbei, die zum Beispiel sagen, der Attentäter vom 13. Mai 1981 sei nun einmal ein von der Vorsehung gelenktes Werkzeug göttlichen Planens gewesen und habe daher gar nicht frei handeln können, oder was sonst an ähnlichen Ideen umläuft. Die Vision spricht vielmehr von Gefährdungen und vom Weg der Heilung.

Die folgenden Sätze des Textes lassen den Bildcharakter der Schauung noch einmal sehr deutlich werden: Gott bleibt das unmessbare und all unser Sehen überschreitende Licht. Die Menschen erscheinen wie in einem Spiegel. Diese innere Einschränkung der Vision, deren Grenzen hier anschaulich angegeben werden, müssen wir fortwährend gegenwärtig halten. Das Künftige zeigt sich nur ‚in Spiegel und Gleichnis' (vgl. 1 Kor 13,12).

Wenden wir uns den einzelnen Bildern zu, die in dem Text des Geheimnisses folgen. Der Ort des Geschehens wird mit drei großen Symbolen beschrieben: ein steiler Berg, eine halb in Trümmern liegende große Stadt und schließlich ein gewaltiges Kreuz aus unbehauenen Stücken. Berg und Stadt symbolisieren die Orte der menschlichen Geschichte: Geschichte als mühevollen Aufstieg zur Höhe, Geschichte als Ort menschlichen Bauens und Zusammenlebens, zugleich als Ort der Zerstörungen, in denen der Mensch sein eigenes Werk vernichtet. Die Stadt kann Ort der Gemeinsamkeit und des Fortschritts, aber auch Ort der Gefährdung und der äußersten Bedrohung sein. Auf dem Berg steht das Kreuz – Ziel und Orientierungspunkt der Geschichte. Im Kreuz ist die Zerstörung in Rettung umgewandelt; es steht als Zeichen der Not der Geschichte und als Verheißung über ihr.

Dann erscheinen da menschliche Personen. Der weißgekleidete Bischof (‚wir hatten die Ahnung, dass es der Papst war'), weitere Bischöfe, Priester, Ordensleute und schließlich Männer und Frauen aus allen Klassen und Ständen. Der Papst geht offenbar den anderen voraus, zitternd und leidend ob all der Schrecken, die ihn umgeben. Nicht nur die Häuser der Stadt liegen teils in Trümmern – sein Weg führt an den Leichen der Getöteten vorbei. Der Weg der Kirche wird so als ein Kreuzweg, als Weg in einer Zeit der Gewalt, der Zerstörung und der Verfolgungen geschildert. Man darf in diesem Bild die Geschichte eines ganzen Jahrhunderts abgebildet finden. Wie die Orte der Erde in den beiden Bildern von Berg und Stadt zusammengeschaut und auf das Kreuz hingeordnet sind, so sind auch die Zeiten zusammengezogen: In der Schau können wir das abgelaufene Jahrhundert als Jahrhundert der Martyrer, als Jahrhundert der Leiden und der Verfolgungen der Kirche, als das Jahrhundert der Weltkriege und vieler lokaler Kriege erkennen, die die ganze zweite Hälfte des Jahrhunderts ausgefüllt und neue Formen der Grausamkeit hervorgebracht haben. Im ‚Spiegel' dieser Vision sehen wir die Blutzeugen von Jahrzehnten vorüberziehen. Hier scheint es angebracht, einen Satz aus dem Brief anzuführen, den Schwester Lucia am 12. Mai 1982 an den Heiligen Vater gerichtet hat: ‚Der dritte Teil des Geheimnisses bezieht sich auf die Worte unserer Lieben Frau: ›Wenn man auf meine Wünsche hört, wird Russland sich bekehren. Wenn nicht, wird es seine Irrtümer über die Welt ausbreiten und Kriege und Verfolgungen der Kirche anstiften. Die Guten werden gemartert werden, der Heilige Vater wird viel zu leiden haben, verschiedene Nationen werden vernichtet werden.‘

Im Kreuzweg eines Jahrhunderts spielt die Figur des Papstes eine besondere Rolle. In einem mühsamen Hinaufsteigen auf den Berg dürfen wir ruhig mehrere Päpste zusammengefasst finden, die von Pius X. angefangen bis zum jetzigen Papst die Leiden des Jahrhunderts mittrugen und in ihnen auf dem Weg zum Kreuz voranzugehen sich mühten. Auf der Straße der Märtyrer wird in der Vision auch der Papst ermordet. Musste der Heilige Vater, als er sich nach dem Attentat vom 13. Mai 1981 den Text des dritten Geheimnisses vorlegen ließ, darin nicht sein eigenes Geschick erkennen? Er war sehr nahe an der Grenze des Todes gewesen und hat selber seine Rettung mit den folgenden Worten gedeutet: ‚…es war eine mütterliche Hand, die die Flugbahn der Kugel leitete und es dem Papst, der mit dem Tode rang, erlaubte, an der Schwelle des Todes stehenzubleiben‘ (13. Mai 1994). Dass eine ‚mano materna‘ (mütterliche Hand) die tödliche Kugel doch noch anders geleitet hat, zeigt nur noch einmal, dass es kein unabänderliches Schicksal gibt, dass Glaube und Gebet Mächte sind, die in die Geschichte eingreifen können und am Ende stärker sind als Patronen und Divisionen.

26. Mai 2000: Kardinal Ratzinger eröffnet das letzte Geheimnis.

Der Schluss des Geheimnisses erinnert an Bilder, die Lucia in frommen Büchern gesehen haben mag und deren Inhalt aus früheren Einsichten des Glaubens geschöpft ist. Es ist ein tröstendes Bild, das eine Geschichte aus Blut und Tränen durchsichtig machen will auf Gottes heilende Macht hin. Engel fangen unter den Kreuzarmen das Märtyrerblut auf und tränken damit die Seelen, die sich auf den Weg zu Gott machen. Das Blut Christi und das Blut der Märtyrer werden hier zusammengeschaut: Das Blut der Märtyrer fließt aus den Armen des Kreuzes. Ihr Martyrium gehört mit dem Leiden Christi zusammen, ist mit diesem eins geworden. Sie ergänzen für den Leib Christi, was an seinen Leiden noch fehlt (Kol 1,24). Ihr Leben ist selbst Eucharistie geworden, eingegangen in das Mysterium des gestorbenen Weizenkorns, und nimmt an dessen Fruchtbarkeit teil. Das Blut der Märtyrer ist Samen christlicher Existenz, hat Tertullian gesagt. Wie aus dem Tode Christi, aus seiner geöffneten Seite, die Kirche entsprungen ist, so ist das Sterben der Zeugen fruchtbar für das weitere Leben der Kirche. Die an ihrem Anfang so bedrückende Vision des dritten Geheimnisses schließt also mit einem Bild der Hoffnung: Kein Leiden ist umsonst, und gerade eine leidende Kirche, eine Kirche der Märtyrer, wird zum Wegzeichen auf der Suche der Menschen nach Gott. In Gottes guten Händen sind nicht nur die Leidenden geborgen wie Lazarus, der den großen Trost fand und geheimnisvoll Christus darstellt, der zum armen Lazarus für uns werden wollte; mehr als das: Vom Leiden der Zeugen kommt eine Kraft der Reinigung und der Erneuerung, weil es Vergegenwärtigung von Christi eigenem Leben ist und seine heilende Wirkung an die Gegenwart weiterreicht.

Damit sind wir bei einer letzten Frage angelangt: Was hat das Geheimnis von Fatima als Ganzes (in seinen drei Teilen) zu bedeuten? Was sagt es uns? Zunächst müssen wir mit Kardinal Sodano festhalten, dass ‚die Geschehnisse, auf die sich der dritte Teil des Geheimnisses von Fatima bezieht, nunmehr der Vergangenheit anzugehören scheinen…‘ Soweit einzelne Ereignisse dargestellt werden, gehören sie nun der Vergangenheit an: Wer auf aufregende apokalyptische Enthüllungen über das Weltende oder den weiteren Verlauf der Geschichte gewartet hatte, muss enttäuscht sein. Solche Stillungen unserer Neugier bietet uns Fatima nicht, wie denn überhaupt der christliche Glaube nicht Futter für unsere Neugier sein will und kann. Was bleibt, haben wir gleich zu Beginn unserer Überlegungen über den Text des Geheimnisses gesehen: die Führung zum Gebet als Weg zur ‚Rettung der Seelen‘ und im gleichen Sinn der Hinweis auf Buße und Bekehrung. (…)“

Die Hüterin des Geheimnisses:
Lucia dos Santos

27. April 2000. Hoher Besuch für Schwester Lucia, die heute 93-jährige einzige Überlebende der Seherkinder. Der Papst hat den Sekretär der römischen Glaubenskongregation, Erzbischof Tarcisio Bertone, nach Portugal geschickt, um Lucia über das dritte Geheimnis zu befragen. Die Seherin erkennt das Original: „Ja, sagt sie, das ist mein Papier. Ja, das ist meine Schrift." 55 Zeilen in Schönschrift auf vier Oktavheftseiten. Nur am Ende sind die Zeilen gequetscht, weil Schwester Lucia für das Datum keine neue Seite anfangen wollte.

Laut Schwester Lucia ist die Hauptperson des Leidens auf jeden Fall der Papst. Die drei Hirtenkinder seien sehr betrübt gewesen über sein Leiden. Sie hätten aber den Namen des Papstes nicht gewusst. „Die Schöne Dame hat uns den Namen des Papstes nicht gesagt. Wir wussten nicht, ob es Benedikt XV. war oder Pius XII. oder Johannes Paul II., aber es war ganz sicher der Papst, der litt und der uns mit ihm leiden ließ." Heute teilt Schwester Lucia die Meinung des Papstes, dass es sich bei der Prophezeiung um ihn handelte und dass er der „weißgekleidete Bischof" ist, der tödlich getroffen zu Boden fällt und nur mit Hilfe der Muttergottes dem Tode entronnen ist.

Den Kernpunkt des Geheimnisses erklärt die Seherin im Gespräch mit dem italienischen Erzbischof Bertone so: „Für mich bezieht sich die Vision von Fatima vor allem auf den Kampf des atheistischen Kommunismus gegen die Kirche und die Christen und beschreibt das ungeheure Leid der Opfer des Glaubens im 20. Jahrhundert." Wichtig ist in diesem Zusammenhang eine Präzisierung, die der Präfekt der römischen Glaubenskongregation, Kardinal Joseph Ratzinger, am Tag der Veröffentlichung des Textes vornimmt. (Die überfüllte Pressekonferenz am 26. Mai 2000 im Vatikan wurde in mehr als 40 Länder der Welt im Fernsehen direkt übertragen.) Der Kardinal: „Russland wird als Verfolgerin des Glaubens im weitesten Sinne genannt, sozusagen als übergeordneter Begriff für eine gottes- und glaubensfeindliche Macht, die auch den Nationalsozialismus einschließt." Weiter sagt Ratzinger: „Die Hirtenkinder wussten nichts von Russland. Sie verstanden nur, dass es sich um etwas Gefährliches handelte. Um ein gottloses System, das eine Gefahr für die Kirche darstellte."

Und der Widerspruch zwischen dem weißgekleideten Bischof, der „wie tot" zu Boden fällt (Kardinal Sodano am 13. Mai 2000) und dem durch Soldaten von Schüssen und Pfeilen getöteten Papst aus dem dritten Geheimnis? Kardinal Ratzinger erklärt dies so: „Eine Vision ist kein Film, der eine nach einem unabänderlichen Schema festgelegte Zukunft präsentiert. Eine Prophezeiung zeigt nach Aussage des Präfekten der römischen Glaubenskongregation eine Gefahr und eine Bedrohung und versucht gleichzeitig, Kräfte in Bewegung zu setzen, die diese abwenden könnten. Im Fall von Johannes Paul II. heißt das: Das Schicksal ermordet zu werden, konnte von der göttlichen Vorsehung abgewandt werden. „Das Gebet ist stärker als alle Kugeln der Welt und kann den Lauf der Geschichte ändern", sagt Kardinal Ratzinger.

Bleibt die Frage, warum die Kirche so lange gewartet hat, um das dritte Geheimnis von Fatima zu lüften. War die jahrzehntelange Geheimhaltung, welche die Angst unter den Menschen vor der Endzeit oder einem dritten Weltkrieg geschürt hat, gerechtfertigt? Kardinal Ratzinger meint ja: „Drei Päpste, die sicher das Geheimnis gelesen haben, entschieden sich für dessen Geheimhaltung. Natürlich kann man über Vorsicht immer diskutieren. Im Nachhinein gesehen ist es wahr, dass die Kirche für die Geheimhaltung ihren Preis hat zahlen müssen, doch es hat sich gelohnt zu warten. Die Gläubigen hätten die Prophezeiung zu einem anderen Zeitpunkt und unter anderen Umständen nicht verstanden." So sei es 1959 nach der Ankündigung des Zweiten Vatikanischen Konzils nicht opportun gewesen, das Geheimnis zu lüften ebenso wenig wie es sofort nach dem Attentat auf den Papst am 13. Mai 1981 günstig gewesen wäre. Der Papst hat sich den Umschlag mit dem dritten Geheimnis sofort nach dem Attentat ans Krankenbett in die römische Gemelli-Klinik bringen lassen. Auf dem Umschlag stand mit den Lettern aus der an Rechtschreibfehlern reichen Handschrift von Schwester Lucia: „Erst im Jahre 1960 öffnen." Schwester Lucia heute: „Nicht die Muttergottes, sondern ich habe dieses Datum gesetzt, weil man es – wie ich spürte – nur nach 1960 verstehen würde. Jetzt kann man es besser verstehen…"

Die Tatsache, dass Lucia 27 Jahre gewartet hatte, um das ihr am 13. Juli 1917 anvertraute Geheimnis zu Papier zu bringen, hat viel Skepsis unter den Wissenschaftlern und Theologen hervorgerufen. Konnte sie sich denn genau an die Worte erinnern? Nachdem Lucia im September 1943 an einer Impfinfektion erkrankt war, hatte sie der Bischof von Leiria gedrängt, das dritte Geheimnis endlich niederzuschreiben. Erst Anfang Januar 1944 schrieb sie zurück, sie habe das Dokument fertiggestellt und es werde unter ihren Notizbüchern aufgehoben. Ihre Weigerung das Geheimnis zu notieren beruhte nicht darauf, dass sie den Inhalt etwa vergessen hätte, sondern auf ihrem der Muttergottes gegebenen Versprechen zu schweigen. Lucia tut nichts ohne die Erlaubnis und die Eingebung der Muttergottes. Erst später enthüllte sie, dass sie „einen Hinweis des Himmels" erhalten habe, der ihr sagte, sie könne das Geheimnis jetzt zu Papier bringen. Danach seien ihr die Worte nur so aus der Feder geflossen. Der kurze Text wurde dem Bischof von Leiria, Cosme da Silva, in einem Umschlag versiegelt übermittelt. Er weigerte sich es zu lesen, aber er bewahrte es gut auf und verfügte, dass der Umschlag nach seinem Tod dem Patriarchen von Lissabon, einem guten Bekannten des portugiesischen Diktators Salazar, übermittelt werde. So geschah es auch. Der Patriarch wollte von dem Geheimnis aber ebenfalls nichts wissen. Im Vatikan landete das Schriftstück erst im April 1957 auf Initiative des damaligen Apostolischen Nuntius in Portugal, der meinte, das Schreiben sei im Vatikan am sichersten aufgehoben.

Bevor Kardinal-Staatssekretär Angelo Sodano in Fatima am 13. Mai 2000 enthüllte, dass das Papstattentat Teil des dritten Geheimnisses sei, wurde Schwester Lucia vom Vatikan befragt, ob sie damit einverstanden sei. Lucia bejahte dies, und so nahmen die Dinge ihren Lauf.

Johannes Paul II. und die Eröffnung von Fatima

Überraschungscoup am 13. Mai 2000: Auf dem riesigen Platz vor der Basilika wird es totenstill, als Kardinal-Staatssekretär Angelo Sodano zum Abschluss des Seligsprechungsgottesdienstes plötzlich das Wort ergreift. Der Papst war in seiner Predigt nicht auf das dritte Geheimnis von Fatima eingegangen. Nun fühlen die 600.000 dicht gedrängt stehenden Menschen, dass sie an einem außerordentlichen Augenblick in der Geschichte der Kirche teilhaben dürfen. Der 83. Erscheinungstag der Muttergottes von Fatima wird als der Tag in die Geschichtsschreibung eingehen, an dem das Schweigen um die sagenumwobene Prophezeiung erstmals gebrochen wurde. Zuerst überbringt der Kardinal dem Papst Glückwünsche zu seinem bevorstehenden 80. Geburtstag. Dann enthüllt er, dass das Papstattentat ein Teil der dritten Prophezeiung ist. Karol Wojtyla war gemeint, wenn in der Vision von einem Bischof im weißen Kleid gesprochen wird, der von Schüssen getroffen wie tot zu Boden fällt. Sodano: „Die Vision von Fatima betrifft besonders den Kampf der atheistischen Systeme gegen die Kirche und die Christen und beschreibt das schreckliche Leiden der Glaubenszeugen der letzten hundert Jahre. Es handelt sich um einen unendlichen

Kreuzweg, der von den Päpsten des 20. Jahrhunderts angeführt wird." Weiter sagte der Kardinal, der nach dem Papst der zweite Mann im Vatikan ist: „Die Ereignisse aus dem Jahre 1989 führten sowohl in der Sowjetunion wie auch in zahlreichen östlichen Ländern zum Fall der kommunistischen Regime, welche den Atheismus verfochten haben. Auch dafür dankt der Papst der Muttergottes aus ganzem Herzen. Dennoch haben in anderen Teilen der Welt die Angriffe gegen Kirche und Christen und die damit verbundenen Leiden nicht aufgehört. Selbst wenn die Geschehnisse, auf die sich der dritte Teil des Geheimnisses von Fatima bezieht, nunmehr der Vergangenheit anzugehören scheinen, so bleibt der am Anfang des 20. Jahrhunderts ergangene Ruf der Muttergottes nach Umkehr und Buße auch heute aktuell." Kardinal Sodano verrät später, dass der Papst sich schon seit längerer Zeit mit dem Gedanken getragen habe, das Geheimnis bekannt zu geben und nur auf den richtigen Zeitpunkt gewartet habe. Dieser schien ihm nun in Verbindung mit der Seligsprechung der Hirtenkinder gekommen zu sein. Francisco und Jacinta Marto sind die ersten Kinder in der Geschichte der Kirche, die seliggesprochen worden sind, ohne dass sie aufgrund ihrer besonderen Glaubenstreue und der Glaubensausübung das Martyrium erlitten haben. Sie starben im Alter von zehn und neun Jahren an einer Lungenentzündung.

In seiner Predigt beim Seligsprechungsprozess hatte der Papst zuvor eine Verbindung zwischen den Visionen der Hirtenkinder und denen der Geheimen Offenbarung aus dem

Neuen Testament hergestellt, die vom großen Kampf des Guten mit dem Bösen und ebenfalls von der Erscheinung einer Frau berichtet. Die Gottesmutter habe die Zeichen des Himmels den „Kleinen" anvertraut, wie auch schon im Evangelium die Rede davon sei, dass den „Kleinen" vieles offenbart werde, was den „Weisen und Klugen" verborgen bleibe, so der Papst. Johannes Paul II. rief in seiner Ansprache zur Umkehr auf und wies in diesem Zusammenhang auf die großen Katastrophen des 20. Jahrhunderts hin, auf die Weltkriege, die Vernichtungslager, auf ethnische Säuberungen, Terrorismus, Entführungen, Drogenkriminalität und bewaffnete Auseinandersetzungen. Weiter zählte er auch die Angriffe auf das ungeborene Leben zu den Katastrophen seines Jahrhunderts.

Schwester Lucia und der Papst in Fatima am 13. Mai 2000

Auch Schwester Lucia nimmt an dem Seligsprechungs-gottesdienst teil. Die heute 93-jährige Seherin sitzt hinter dem Papst am Altar. Bei der nach der Seligsprechung folgenden Begegnung halten der Papst und Lucia sich gerührt an den Händen. Sie wissen: Die Prophezeiung hat sich erfüllt. Und sie ahnen: Sie werden sich in diesem Leben nicht wiedersehen.

Schon am Vorabend des 83. Erscheinungstages hatten sich hunderttausende von Menschen auf dem Platz vor dem Heiligtum der Muttergottes von Fatima zum Empfang des Papstes und zum gemeinsamen Rosenkranzgebet versammelt. Der Papst ist nur ein kleiner weißer Punkt ganz vorne auf dem riesigen Gelände, der dreimal so groß ist wie der Petersplatz in Rom. Zahlreiche Menschen haben keine Unterkunft gefunden und verbringen diese Nacht auf dem Feld unter freiem Himmel. Viele unter ihnen sind Dutzende von Kilometern auf den Knien gerutscht, um nach Fatima zu gelangen. Sie kühlen ihre blutenden Knie an dem Brunnen in der Nähe des Heiligtums. Die Gerüchteküche brodelt. Eine italienische Pilgerin: „Wir hörten von einem Bischof, der in unserem Hotel wohnt, der Papst habe seinen 80. Geburtstag ausgewählt, um das dritte Geheimnis von Fatima zu lüften." Andere Stimmen wollen wissen, dass der Papst in seiner Seligsprechungspredigt das Geheimnis selbst bekannt geben wolle. Gedränge bei der Lichterprozession – die portugiesischen Bauern haben die stärksten Ellbogen. Nur wenige können sehen, wie der Papst vor der kleinen Muttergottesstatue in der schmucklosen Erscheinungskapelle niederkniet. Diesmal hat er ein ganz be-

sonderes Geschenk für sie dabei: Einen in einem roten Schäch-
telchen aufbewahrten Ring, den ihm der polnische Primas,
Kardinal Stefan Wyszynski, kurz nach seiner Wahl zum Papst
geschenkt hatte. Vatikansprecher Joaquin Navarro-Valls verriet: „Dies ist das wertvollste persönliche Eigentum, das der
Papst besitzt." Wyszynski hatte damals Johannes Paul II. vorhergesagt: „Du wirst die Kirche ins dritte Jahrtausend führen." Die Krone der Muttergottes von Fatima ist ein Geschenk
der portugiesischen Frauen. Das kostbare Stück wird der kleinen Marienstatue nur zu besonderen Gelegenheiten aufge-
setzt. Es wiegt 1 200 Gramm und ist mit 313 Perlen und 2 676
Edelsteinen verziert. In der Mitte der Krone steckt die in Gold
gefasste Kugel, mit der Ali Agca 1981 den Papst töten wollte. Sie war in dem weißen Jeep gefunden worden, in dem der
Papst bei der Generalaudienz am 13. Mai 1981 durch die
Menge auf dem Petersplatz gefahren war. Johannes Paul II.
ließ sie nur wenige Wochen vor seinem ersten Besuch in
Fatima am 12. und 13. Mai 1982 in die Krone einfügen. „To-
tus Tuus", „Ganz Dein", lautet das Motto dieses Pontifikats,
das Johannes Paul II. unter den Schutz der Jungfrau Maria
gestellt hat. Das große „M" im päpstlichen Wappen weist
ebenfalls darauf hin.

An diesem Abend werden im Publikum vereinzelt auch
Erinnerungen an die Lichterprozession vom 12. Mai 1982
in Fatima wach: Gegen Mitternacht ging der Papst durch
die Menschenmenge, alle wollten ihn berühren. Er kehrte
um, um einen zu Boden gefallenen Priester aufzuheben, der

Papst Johannes Paul II. schenkt der Muttergottes seinen Ring.

schreckliche Schreie ausstieß. Doch bevor der Papst ihn erreichte, wurde der Mann mit zerrissenem Gewand von der Polizei abgeführt. Er rief auf Spanisch: „An der Krise der Kirche sind der Papst, das Zweite Vatikanische Konzil und Kardinal Casaroli schuld!" Noch in der Nacht wurde der Mann nach Lissabon abtransportiert, wo er gestand, er habe tatsächlich ein Attentat auf den Papst verüben wollen. Er hatte das 45 Zentimeter lange Bajonett, das er in seinem Priestergewand verborgen hatte, allerdings nicht gezogen. Bei dem Attentäter handelte es sich um den spanischen Geistlichen Juan Fernandez Krohn, einen fanatischen Gegner der Reformen des Zweiten Vatikanischen Konzils. Er war von dem traditionalistischen französischen Erzbischof Marcel Lefebvre, der wegen unerlaubter Bischofsweihen seines Amtes enthoben wurde, zum Priester geweiht worden. Der Hintergrund: Die Traditionalisten haben jahrelang fälschlicherweise behauptet, die Reformen des Zweiten Vatikanischen Konzils vor allem in der Liturgie sowie der nach dem Konzil erfolgte Aufbruch, der zu einer Krise innerhalb der Kirche führte, seien der Inhalt des dritten Geheimnisses von Fatima.

Die Hirtenkinder

Im Getümmel des Ersten Weltkriegs, das auch Portugal erfasst hatte, ertönte plötzlich ein Name, der wie eine Friedensverheißung klang und alle aufhorchen ließ: Fatima. Was war Fatima? Die Lieblingstochter des Propheten Mohammed hieß Fatima, erinnerten sich manche. Heute, 83 Jahre später, hat fast jeder schon einmal von Fatima gehört. Es handelt sich um ein kleines Dorf in der portugiesischen Diözese Leiria, 190 Kilometer von Lissabon entfernt in den Ausläufern der Serra D'Aire, fast genau der geographische Mittelpunkt Portugals. Hier erschien die Muttergottes sechsmal hintereinander drei kleinen Hirtenkindern. Inzwischen hat sich das einstige verschlafene Nest zu einem der bedeutendsten Marienwallfahrtsorte der katholischen Kirche entwickelt. Fünf Millionen Gläubige, die die Fürbitte der Muttergottes erflehen, werden hier pro Jahr registriert. Fatima – da schwingt Geheimnisvolles mit.

1917 ist die Stunde größter Not und größter Gefahr für die Welt. Das Zarentum in Russland bricht zusammen, der Bolschewismus triumphiert. Die Oktoberrevolution nähert sich. Lenin kommt an die Macht. Sein Motto ist der Atheismus. „Jeder Gott, wie erhaben und rein er auch sein mag, ist eine Lüge. Jeder religiöse Begriff, jede Vorstellung von Gott stellt die gefährlichste Schande und den schrecklichsten Untergang dar", schreibt er. Damit beginnt der Kampf zwischen dem östlichen und dem westlichen Block. Weit ab vom Kriegsgeschehen leben in Fatima drei Kinder: Francisco Marto, der am 11. Juni 1908 geboren wurde, seine Schwester Jacinta Marto, die am 10. März 1910 zur Welt kam, und deren Cousine Lucia dos Santos, geboren am 22. März 1907. Zum Zeitpunkt der Marienerscheinungen im Jahre 1917 ist Lucia zehn Jahre alt, Francisco neun und Jacinta sieben.

Die Marienerscheinungen

Am 13. Mai 1917 beginnt dann die Reihe von insgesamt sechs Marienerscheinungen. Die drei Hirtenkinder hüten ihre Schafe in der Cova da Iria, der Irenenschlucht. Plötzlich zieht ein Gewitter herauf. An der Stelle, an der später eine Quelle hervorsprudeln wird, hält ein Blitz sie auf. Plötzlich werden sie in der Nähe einer kleinen grünen Eiche, die einsam auf der Weide steht, von einem hellen Licht geblendet. Sie sehen eine schöne Dame, höchstens 18 Jahre alt, mit einem weißen bis auf die Füße herabwallenden Kleid, das am Hals mit einer Goldschnur zusammengefasst ist. Am rechten Arm trägt sie einen Rosenkranz mit weißen Perlen. „Habt keine Angst, ich tue euch nichts", sagt sie freundlich, aber traurig und fordert die Hirten auf, in den nächsten fünf Monaten jeweils am 13. zur gleichen Stunde in die Irenenschlucht zu kommen und so oft wie möglich den Rosenkranz zu beten. Sie versichert den Kindern, dass sie in den Himmel kommen werden und mahnt sie, die folgende Abmachung streng für sich zu behalten: „Wollt ihr euch Gott anbieten, alle Leiden zu tragen, die Er euch schickt als Wiedergutmachung für die Sünden, durch die er beleidigt wird und als Bitte zur Bekehrung der Sünder?" „Ja, das wollen wir," antworten die Kinder. Alle drei Kinder können die Erscheinung der Muttergottes sehen, Jacinta kann sie auch hören. Lucia ist jedoch die einzige, die mit der Muttergottes spricht.

In den nächsten Wochen hatte es besonders Lucia schwer, denn die kleine Jacinta hatte ihrer Mutter von der Erscheinung berichtet und das ganze Dorf damit in Aufruhr versetzt. Lucias Mutter schreckte auch vor Prügel nicht zurück, um die Tochter zu dem Eingeständnis zu bewegen, dass sie gelogen hatte. Doch diese schwieg. Erst 1939 wurden die Worte, welche die Kinder nicht verraten sollten, und die das anschließende Büßerleben der Kinder erklärten, von kirchlicher Seite bekannt gegeben.

Am 13. Juni gehen die Kinder wieder zur Irenenschlucht. Um sie herum stehen etwa 60 Personen, die mehr aus Neugierde als aus Glaubensüberzeugung gekommen sind. Wieder erscheint die schöne Dame. Die Umstehenden hören Lucia sprechen, aber sie verstehen die Antwort nicht. Nach dieser Erscheinung werden die Kinder zum Pfarrer von Fatima gerufen. Als die Kinder weiterhin schweigen, meint er, es könne sich bei den Erscheinungen um die Täuschung eines bösen Geistes handeln.

Bei der dritten Erscheinung am 13. Juli 1917 vertraut die Muttergottes den Kindern dann die berühmten Geheimnisse an. Diesmal waren noch mehr Besucher gekommen, die rund um die Eiche eine Steinmauer errichtet haben. Die Kinder haben Mühe, sich zum verabredeten Zeitpunkt einen Weg durch die Menge zu bahnen. 4000 bis 5000 Menschen sind dabei, als die Muttergottes erscheint. Sie bittet die Kinder, den Rosenkranz für das Ende des Krieges zu beten. Gleichzeitig kündigt sie für den Oktober ein großes Wunder an. Lucia ihrerseits überbringt mehrere Bitten von Kranken um Genesung. Die Umstehenden sehen nur eine kleine weiße Wolke, die die Kinder und den Ort der Erscheinungen umgibt. Keiner kann sich nach dem Ende der Erscheinungen erklären, warum die Kinder völlig erschüttert wirkten. Die Muttergottes hatte nur den kleinen Hirten eine grauenhafte Höllenvision gezeigt. Gleichzeitig hatte sie Jacinta und Francisco ein kurzes Leben prophezeit.

Im folgenden Monat, am 13. August, hatte sich eine ungeheure Menschenmenge eingefunden, um die Erscheinungen mitzuerleben. Doch gegen Mittag erfuhr man, dass die Kinder nicht kommen würden. Der Bezirksvorsteher hatte sie am Morgen abgeholt und in der Präfektur eingesperrt, als sie ihr Geheimnis nicht verraten wollten. Nichts konnte jedoch den Widerstand der Kinder brechen. Schließlich warf man sie ins Gefängnis, wo sich die anderen Gefangenen spontan niederknieten, um mit den Kindern den Rosenkranz zu beten. Am Abend drohte der Bezirksvorsteher, die Kinder in kochendem Öl zu braten. Erst am 15. August gab er es auf, sie zum Sprechen zu bewegen und brachte sie nach Hause zurück. Die schöne Dame erscheint den Kindern diesmal erst am 19. August, wie immer in der Irenenschlucht, und beklagt, dass diese nicht zu der Verabredung am 13. gekommen waren. Auf Lucias Frage, was man mit den Spenden der Gläubigen anfangen solle, wünscht die schöne Dame den

Die Erscheinungskapelle in Fatima

Bau einer kleinen Kapelle – der heutigen Erscheinungskapelle.

Am 13. September sind es schon 25–30.000 Besucher, die die Ereignisse in Fatima miterleben wollen. Um 12 Uhr verfinstert sich die Sonne und die Luft nimmt eine goldgelbe Färbung an. Gleichzeitig gleitet eine Lichtkugel von Osten nach Westen. Nach der Erscheinung entschwebt sie in entgegengesetzter Richtung. Lucia bittet die Muttergottes um die Heilung verschiedener Menschen. Doch diese antwortet: „Ich werde einige heilen, aber nicht alle, denn der Herr hat kein Zutrauen zu ihnen." Am 13. Oktober 1917, dem Tag, an dem die Muttergottes ein großes Wunder angekündigt hatte, waren 50.000 vielleicht sogar 70.000 Menschen nach Fatima gekommen. Es war ein unfreundlicher, kalter Tag. Um 12 Uhr erscheint nach einem Blitz die Muttergottes. Wieder ist die kleine weiße Wolke über der Eiche zu sehen. Die Erscheinung empfiehlt zum sechsten Mal das tägliche Rosenkranzgebet und kündigt das nahe Ende des Krieges und die Rückkehr der Soldaten an. Lucia trägt die Bitten der Menschen vor, und die Muttergottes spricht als letzte Worte: „Einige werde ich erhören, einige nicht… Die Menschen sollen sich bessern und für die Sünden um Verzeihung bitten. Sie sollen den Herrn nicht mehr beleidigen, da dieser schon zuviel beleidigt wurde." Dann geschieht das Sonnenwunder. Es hatte aufgehört zu regnen, die Sonne erschien am Himmel ähnlich einer Silberscheibe, rings um sie sahen die Menschen einen leuchtenden Kranz. Plötzlich beginnt die Sonne zu zittern und sich um sich selbst wie ein Feuerrad zu drehen und nach allen Richtungen Lichtbündel zu werfen. Das Schauspiel, bei dem nacheinander Himmel, Erde, Bäume und Felsen im verschiedensten Licht erscheinen, wiederholt sich mehrmals. Es ist, als löse sich die Sonne vom Himmel und stürze im Zickzack auf die Menschen zu, eine ungeheure Wärme ausstrahlend. Die verschiedensten Ausrufe begleiten den Vorgang und die Menschen werfen sich in den Schlamm auf die Knie, um zu beten. Dann nimmt die Sonne ihren Platz wieder ein. Die Menschen bemerken plötzlich, dass ihre durchnässte Kleidung auf wunderbare Weise völlig trocken geworden ist. Lucia berichtet später, sie habe während des Sonnentanzes neben der Muttergottes den heiligen Josef und das Jesuskind gesehen. Wie ein Lauffeuer verbreitet sich die Nachricht vom Sonnenwunder in ganz Portugal.

Die Höllenvision und das Schicksal der Kinder

Es war während der dritten Erscheinung der Muttergottes in Fatima, am 13. Juli 1917, als den drei Hirtenkindern alle drei Geheimnisse anvertraut wurden.*

Nur die ersten beiden schrieb Schwester Lucia 1942 auf und noch im gleichen Jahr wurden sie veröffentlicht. Das erste Geheimnis, von dem die Kinder erfahren, betrifft ihr eigenes Schicksal. Den beiden Kleinen, Jacinta und Francisco, wird ein früher Tod vorausgesagt. Nur Lucia soll überleben. Ihre Aufgabe wird es sein, für die Verehrung der Muttergottes und ihren Aufruf zu Buße und Umkehr in der Welt zu verbreiten. Niemals spricht die Muttergottes bei ihren Erscheinungen von einer Bestrafung der Sünder. Aber sie versucht, den Kindern durch eine Höllenvision zu zeigen, wie wichtig es ist, Seelen vor dem Verderben zu retten. Sie lässt die drei kleinen Seher „nur für einen kurzen Augenblick" einen Blick in das Reich der Finsternis werfen. Doch die Ausdruckskraft

---

* Die Beschreibungen der Visionen und Erscheinungen sind den bisher nur in Fatima erhältlichen Erinnerungen Schwester Lucias, *Schwester Lucia spricht über Fatima*, und dem Buch *Marienerscheinungen* (Recklinghausen 1955) von Josef Goubert und Domkapitular L. Cristiani entnommen.

der Bilder genügt, um einen tiefen Eindruck bei den Kindern zu hinterlassen. Erschreckt berichten sie später über die furchtbaren Schmerzensschreie, die sie während der Höllenvision gehört hatten: „Wir sahen etwas wie ein großes Feuermeer, das unter der Erde zu sein schien. In dieses Feuer eingetaucht waren kohlenschwarze Dämonen und arme Seelen in menschlicher Gestalt. Sie sahen aus wie durchsichtige schwarze und bronzene glühende Kohlen in Menschengestalt. Sie trieben im Feuer dahin, empor geworfen von den Flammen, die aus ihnen selbst zusammen mit Rauchwolken hervorbrachen. Sie fielen nach allen Richtungen, wie Funken bei gewaltigen Bränden, ohne Schwere und Gleichgewicht, unter Schmerzensgeheul und Verzweiflungsseufzern, die schrecklich waren und uns vor Entsetzen zum Zittern brachten und erstarren ließen. Die Teufel hatten schreckliche und grauenhafte Gestalten von scheußlichen, unbekannten Tieren. Auch sie waren durchsichtig und schwarz," heißt es in den Erinnerungen Schwester Lucias. Weiter schreibt sie in diesen Memoiren: „Dank sei unserer Himmlischen Mutter, dass sie uns bei ihrer ersten Erscheinung versprochen hatte, wir würden in den Himmel geführt werden. Wäre das nicht so gewesen, dann wären wir, glaube ich, vor Schrecken und vor Entsetzen gestorben." Die Vision der Hölle hatte besonders die kleine Jacinta derart mit Grauen erfüllt, dass ihr alle Bußübungen – die Kinder banden sich Brennnesselkränze um die Hüften und verzichteten beim Hüten ihrer Schafe auf Wasser und Nahrung – erträglich erschienen, wenn sie dadurch nur einige Seelen vor der

Hölle bewahren konnte. Oft setzte sich Jacinta auf den Boden oder auf einen Stein und meinte nachdenklich: „Die Hölle. Die Hölle. Wie tun mir die Seelen leid, die in die Hölle kommen. Und die Menschen, die dort lebendig brennen wie Holz im Feuer." Und dann kniete sie nieder und betete so, wie die Muttergottes es die Kinder gelehrt hatte. Lucia erinnert sich weiter, dass Jacinta sich manchmal an sie klammerte und sagte: „Ich gehe in den Himmel und du bleibst hier. Wenn unsere Liebe Frau es dir erlaubt, dann sage es doch jedem, was die Hölle ist, damit sie keine Sünden mehr begehen und nicht dort hinkommen." Kurz vor ihrem Tod in Lissabon, weit weg von ihren Eltern und Geschwistern, hatte Jacinta erneut Marienerscheinungen. Sie hatte auch einmal eine merkwürdige Zukunftsvision vom Papst: „Ich weiß nicht wie es war. Ich sah den Heiligen Vater. In einem sehr großen Haus kniete er vor einem Tisch, verbarg das Gesicht in den Händen und weinte. Draußen standen viele Leute und einige warfen Steine nach ihm, andere beschimpften ihn und riefen hässliche Worte. Armer Heiliger Vater. Wir müssen viel für ihn beten."

Die Kriegsprophezeiungen

Das zweite der drei Geheimnisse von Fatima ging über das persönliche Schicksal der Kinder weit hinaus. Es sagte zum einen das Ende des Ersten Weltkriegs voraus und das Kommen des Zweiten in der Amtszeit von Papst Pius XII. (1939–58) sowie einen „neuen, noch schlimmeren Krieg", wenn die Menschen weiterhin Gott beleidigten und sich nicht bekehrten. Außerdem stellte es die Verantwortung Russlands für die Spaltungen in der Welt heraus.

Die Veröffentlichung dieses Geheimnisses im Jahre 1942 veranlasste die Päpste immer wieder dazu, die Welt in der Hoffnung auf Frieden dem Unbefleckten Herzen der Muttergottes zu weihen. Von Papst Pius XII. angefangen sind alle Päpste, jeder auf seine Art, in rätselhafter Weise mit dem Geschehen in Fatima verbunden. Das zweite Geheimnis von Fatima wurde den Kindern am 13. Juli 1917 direkt nach der Höllenvision offenbart. Schwester Lucia schreibt in ihren Erinnerungen, sie und ihre Vettern Jacinta und Francisco hätten, noch ganz unter dem Eindruck der schrecklichen Höllenvision, ihren Blick zur Muttergottes erhoben, die „voll Güte und Traurigkeit" folgende Worte sprach: „Ihr habt die Hölle gesehen, wohin die Seelen der armen Sünder kommen. Um sie zu retten, will Gott in der Welt die Andacht zu meinem Unbefleckten Herzen begründen. Wenn man tut, was ich euch sage, dann werden viele Seelen gerettet werden und es wird Friede sein. Der Krieg wird ein Ende nehmen. Wenn die Menschen nicht aufhören Gott zu beleidigen, dann wird während des Pontifikats von Papst Pius XII. ein weiterer noch viel schlimmerer Krieg beginnen. Wenn ihr eine von einem unbekannten Licht erhellte Nacht seht, dann wisst, dass dies das große Zeichen ist, das Gott euch gibt, bevor er die Welt für ihre so zahllosen Verbrechen mit Krieg, Hunger und Verfolgungen der Kirche und des Papstes bestrafen wird. Um das zu verhüten, werde ich kommen, um die Weihe Russlands an mein Unbeflecktes Herz und die Sühnekommunion jeweils am ersten Samstag des Monats zu verlangen. Wenn man auf meine Wünsche hört, wird Russland sich bekehren und es gibt Frieden. Wenn nicht, verbreiten sich seine Irrlehren über die Welt und beschwören Kriege und Kirchenverfolgungen herauf. Die Guten müssen Marterqualen erleiden, der Heilige Vater muss viel leiden, verschiedene Nationen werden vernichtet, am Ende aber triumphiert mein Unbeflecktes Herz. Der Heilige Vater wird mir Russland weihen, das sich bekehrt und damit der Welt eine Zeit des Friedens schenkt."

Schwester Lucia ist der Ansicht, dass das „außergewöhnliche" Nordlicht in der Nacht vom 25. auf den 26. Januar 1938 das von der Muttergottes genannte Zeichen Gottes für den Beginn des Krieges war, dessen eigentlichen Anfang sie in der Besetzung Österreichs im März 1938 sieht. Die überraschenden politischen Veränderungen in Ost- und

Mitteleuropa im Jahre 1989 führt sie auf die Weihe Russlands an das Unbefleckte Herz der Muttergottes zurück, die Johannes Paul II. am 25. März 1984 vollzogen hat. Die Weihe, die der Papst an diesem Tag in Gemeinschaft mit den Bischöfen der ganzen Welt vor der Gnadenstatue der Muttergottes von Fatima auf dem Petersplatz in Rom vorgenommen hatte, sei „vom Himmel angenommen worden", sagte Schwester Lucia nach dem Umbruch im Osten. Am 13. Juni 1929 hatte die Muttergottes Schwester Lucia in einer Vision um die Weihe Russlands an ihr Unbeflecktes Herz gebeten.

Die Spekulationen um das dritte Geheimnis

Droht ein Atomkrieg? Werden Millionen von Menschen in einem Augenblick sterben und die Überlebenden die Toten beneiden? Spekulationen um das dritte Geheimnis von Fatima haben seit Jahrzehnten die Menschen in Angst und Schrecken versetzt. Schriftsteller, die sich mit Grenzwissenschaften der Psychologie befassten, Esoteriker und Spezialisten für Marienerscheinungen, jeder beanspruchte für sich, dem letzten Geheimnis zumindest auf der Spur zu sein. Neugierde und Sensationslust sowie der Nervenkitzel, den eventuell anstehende Tragödien auslösen können – auch die Leser kamen auf ihre Kosten. Die angeblichen Horrorvisionen setzten sich in den Gehirnen der Menschen fest. 1981 sammelte der örtliche Beauftragte für das Seligsprechungsverfahren der Seherkinder, Pater Luis Kondor, alle Publikationen, welche die Botschaft von Fatima als Unglücksprophetie darstellen wollten und legte sie Schwester Lucia vor, um ihre Meinung zu hören. Die Seherin antwortete: „Alles ist Erfindung und hat mit der Botschaft von Fatima nichts zu tun." Doch im Februar 1990 gesteht sie in einem Brief an die Vatikanjournalistin Aura Miguel, sie sei sicher, dass es sich beim dritten Geheimnis von Fatima um eine „Intervention Gottes gehandelt hat, der einen die Welt verwüstenden Krieg vermeiden wollte". Aura Miguel hatte Johannes Paul II. bei der Pressekonferenz auf dem Flug nach Afrika im Jahre 1990 gefragt, in welchem Zusammenhang das dritte Geheimnis von Fatima mit dem Fall der Mauern zwischen Ost- und Westeuropa stehe. Der Papst antwortete lang und mysteriös. Die Journalistin schickte daraufhin eine Abschrift der Papstantwort an Schwester Lucia ins Kloster Coimbra mit der Bitte um eine Erklärung. Die Antwort ließ nicht lange auf sich warten. Auch wenn der verheerende Krieg nicht wörtlich im dritten Geheimnis vorhergesagt werde, sagt Aura Miguel, glaube Schwester Lucia fest daran, dass es ein solches Risiko gegeben habe. Nicht umsonst heiße es im Weiheakt an die Muttergottes von 1984 „Von Hunger und Krieg: befreie uns! Von Atomkrieg, unkontrollierter Selbstzerstörung und jeder Art von Krieg: befreie uns!" Die Botschaften der Päpste zu Fatima und die wiederholten Weihen Russlands und der Welt an das Unbefleckte Herz der Muttergottes im vergangenen Jahrhundert seien der Beweis dafür, dass auch die Päpste diese drohenden Gefahren erkannt hatten. Allerdings ist diese Gefahr heute vorbei. Auf die Frage der Verfasserin, ob das dritte Geheimnis nicht doch die Gefahr eines dritten Weltkriegs in Form eines Atomkriegs enthalten habe und ob der weißgekleidete Bischof, der unter den Leichen einherschreitet und getötet wird, nicht doch die Vision eines dritten Weltkriegs heraufbeschwört, antwortete Kardinal Ratzinger bei der Vorstellung des Dokuments im Vatikan: „Ich würde nein sagen. Man darf nicht zu viele an die Geschichte angelehnte Interpretationen der Vision machen. Es gibt auch eine an die Geschichte angelehnte Interpretationen der Apokalypse, in denen man schon Andeutungen auf die Atombombe und auf schreckliche neue technische Erfindungen von Rüstungssystemen zu finden glaubte. Aber das sind falsche Deutungen apokalyptischer Art. Leid, Gefahr und Bedrohungen haben den Sinn, das Gewissen der Menschheit aufzurütteln und diese zur Kraft des Glaubens zurückkehren zu lassen. Es gibt immer auch in einer halb zerstörten Welt eine übergeordnete Kraft, und daher kann der Tod nicht das letzte Wort behalten."

Woher kamen die Spekulationen über das dritte Geheimnis? Als einer der ersten behauptete 1963 der Herausgeber der Stuttgarter Zeitung *Neues Europa*, Louis Emrich, er habe den Text des dritten Geheimnisses in Erfahrung gebracht. Er warb damit sehr viele Abonnenten für seine weitgehend unbekannte Zeitung. Als Quelle nannte Emrich diplomatische Kreise in Washington und Moskau. Der Vatikan habe auf verschlungenen Wegen dem Kremlchef und Kennedy eine Endzeitvision aus dem dritten Geheimnis zur Kenntnis gebracht. Der Privatappell habe zur Unterzeichnung des Atomteststopp-Abkommens im August 1963 beigetragen, wollte Emrich wissen.

Eine andere Version besagt, Papst Johannes XXIII. habe ein Jahr zuvor, auf dem Höhepunkt der Kubakrise im Oktober 1962, Chruschtschow und Kennedy Auszüge des dritten Geheimnisses überbringen lassen. Auch U Thant, Interims-

Generalsekretär der Vereinten Nationen, soll eine Abschrift erhalten haben. Die internationale Krise war durch den Bau von Abschussrampen für weitreichende sowjetische Raketen auf Kuba ausgelöst worden. Die USA hatten die Krise auf die Spitze getrieben, als sie ein Embargo über nach Kuba fahrende Schiffe verhängten und gleichzeitig Kriegsschiffe entsandten. Damals hielt die Welt aus Angst vor einem Krieg den Atem an. Die Kubakrise wurde mit Hilfe von U Thant beigelegt.

Staatsmänner an den Hebeln der Macht, die sich durch irgendeine Endzeitvision zum Frieden bewegen ließen? Schwer vorstellbar. Dass der Vatikan seine Friedensappelle mit Auszügen aus dem dritten Geheimnis von Fatima anreicherte, halten Vatikanexperten für schlichtweg unmöglich. Kardinal Ottaviani, damals Präfekt der römischen Glaubenskongregation, nahm dazu bei einer feierlichen Sitzung der Internationalen Marianischen Akademie in Rom am 11. Februar 1967 Stellung. Er erklärte, alle in der Weltpresse als drittes Geheimnis verbreiteten Prophezeiungen seien „legendärer Art". Dennoch wurde die Endzeitvision Emrichs weit verbreitet, um den Menschen Angst zu machen. Sie wurde zur legendären „diplomatischen Fassung" des dritten Geheimnisses. Das Märchen kam auf, die Muttergottes habe den drei Hirtenkindern diese „diplomatische Fassung" mit der Endzeitvision sozusagen als Zusatzgeheimnis anvertraut und zwar am Tag des Sonnenwunders am 13. Oktober 1917. Tatsächlich hat die Muttergottes von Fatima jedoch den

Kindern alle drei Geheimnisse am gleichen Tag anvertraut: am 13. Juli 1917.

Unvorsichtig angesichts eines delikaten Themas verhielt sich die Vatikanzeitung *Osservatore Romano*, das offizielle Sprachrohr des Heiligen Stuhls, anlässlich des plötzlichen Todes von Johannes Paul I. Was im *Osservatore* steht, hat normalerweise den Segen des Papstes und des Vatikanischen Staatsekretariats. Nur wenige Tage vor der Wahl Papst Johannes Pauls II. zum Papst im Oktober 1978 brachte der *Osservatore* Auszüge aus den von Emrich in die Welt gesetzten Endzeitvisionen. Die *Bild*-Zeitung griff den Text auf und nahm die Endzeitprophezeiung in die Schlagzeile.

Unter dem Titel „Prophetie und Wirklichkeit" schreibt Kurienmitarbeiter Monsignore Corrado Balducci im *Osservatore della Domenica* (41/1978): „Seit einigen Jahren wird viel über prophetische Botschaften und bevorstehende schwerwiegende Unglücksfälle gesagt und geschrieben. Das Argument ist noch mehr in Mode gekommen, seit die Menschheit innerhalb von wenigen Wochen an zwei Beerdigungen von Päpsten hat teilnehmen müssen. Es ist nicht nötig, sich zu lange bei den zahlreichen Äußerungen und sogenannten prophetischen Botschaften aufzuhalten, die oft genug auf hysterisch erregte, wenn nicht sogar kranke Gemüter zurückgehen, und die in langen Zeiten der Entmutigung und des Skeptizismus leicht Aufnahme finden. Es gibt jedoch einen Text, der zu denken gibt und dessen Authentizität annehmbar erscheint: das sogenannte Geheimnis von Fatima (aus dem Jahre 1917).

Es hieß, dass es im Jahre 1960 veröffentlicht werden sollte. Dann dachte man, dass man es während des Heiligen Jahres 1975 kennen würde. Wenn es gute und tröstliche Nachrichten enthielte, dann gebe es kein Motiv, es weiterhin zu verheimlichen. Es scheint jedoch leider schmerzliche und sehr tragische Ankündigungen zu enthalten. In der Presse sind seit einiger Zeit Indiskretionen erschienen, denen zufolge der Text – wie man sagt – im Jahre 1963 dem Präsidenten der Vereinigten Staaten und dem Oberhaupt der Sowjetunion zur Kenntnis gebracht wurde. Ob sie nun wahr sind oder nicht, einige Sätze sollen hier kurz zitiert werden: ‚Eine große Züchtigung wird über die Welt kommen … in der zweiten Hälfte des 20. Jahrhunderts‘; ‚in keinem Teil der Welt wird Ordnung herrschen. Satan regiert an den höchsten Stellen …, es wird ihm gelingen, die Geister der großen Wissenschaftler zu verführen, die Waffen erfinden, mit denen es möglich sein wird, in wenigen Minuten einen großen Teil der Menschheit zu zerstören (im Jahre 1917 kannte man die Atomenergie noch nicht). Der Satan wird auch Acht haben über die Mächtigen, welche die Völker der Erde regieren und sie dazu aufstacheln, eine enorme Quantität an Waffen herzustellen‘; ‚auch für die Kirche wird die Zeit ihrer großen Prüfungen kommen‘; ‚ein großer Krieg wird in der zweiten Hälfte des 20. Jahrhunderts ausbrechen … Millionen und Millionen von Menschen werden die Toten beneiden‘.“

In seinem folgenden Kommentar geht Balducci auf die Möglichkeit eines Atomkriegs ein und zitiert Einstein mit seiner Ansicht über den möglichen Ausgang eines dritten Weltkriegs und die damit zusammenhängende totale Zerstörung der Welt: „Eines ist sicher. Sollte danach noch ein weiterer Krieg kommen, so würde er mit Pfeil und Bogen ausgetragen werden."

Zu Aufsehen erregenden Enthüllungen kam es aber auch schon, bevor überhaupt je ein Papst das dritte Geheimnis von Fatima gelesen hatte. Der mit dem Seligsprechungsverfahren der kleinen Hirtenkinder Jacinta und Francisco vor Ort beauftragte lateinamerikanische Geistliche Fuentes löste einen Skandal aus, als er angebliche Einzelheiten aus einem Gespräch mit Schwester Lucia vom Dezember 1957 preisgab. In seinen im Mai 1958 beginnenden Vortragsreihen berichtete Fuentes: „Ich traf sie in ihrem Kloster. Sie war sehr blass und ausgezehrt. Als erstes sagte sie mir, dass die Allerheiligste Jungfrau sehr traurig sei, weil niemand ihrer Botschaft Glauben schenke, weder die Guten noch die Bösen. Doch Gott werde die Welt strafen und zwar sehr bald. Die Züchtigung durch den Himmel stehe unmittelbar bevor. Weiter berichtete Lucia, dass es schrecklich für alle werden würde, wenn die Welt nicht betet und Buße tut. Die Allerheiligste Jungfrau habe ihr und ihren Vettern Francisco und Jacinta gesagt, dass viele Nationen vom Angesicht der Erde verschwinden werden. Russland würde das Instrument der Züchtigung sein, das der Himmel zur Bestrafung der Welt erwählt habe, wenn man nicht vorher die Bekehrung dieser armen Nation bewirke. Am meisten betrübt seien die Muttergottes und Jesus über den

Abfall der Seelen von Priestern und Ordensleuten. Der Teufel wisse, dass Seelen von abgefallenen Priestern und Ordensleuten unzählige Seelen mit sich in die Hölle ziehen. Er wolle von geweihten Seelen Besitz nehmen und bediene sich dabei aller Tricks. Die Allerheiligste Jungfrau ließ Lucia auch verstehen, dass wir uns in der Endzeit der Welt befinden: Der Teufel habe vor, eine Entscheidungsschlacht gegen die Jungfrau zu führen. Es gebe nur die Möglichkeiten, sich entweder für Gott oder für den Teufel zu entscheiden. Als letzte Hilfsmittel habe sie der Welt aber das Rosenkranzgebet und die Verehrung des Unbefleckten Herzens der Muttergottes gegeben.

Wegen seiner „Indiskretion" wurde Pater Fuentes aus seinem Amt als Beauftragter des Seligsprechungsprozesses vor Ort entlassen. Der Bischof von Coimbra veröffentlichte ein Kommuniqué, in dem die Enthüllungen Fuentes als Lüge bezeichnet wurden. Nachfolger des Geistlichen wurde Luis Kondor. Der seit 46 Jahren in Portugal lebende ungarische Pater ist noch heute Ansprechpartner für Gläubige aus aller Welt, die über ihn mit Schwester Lucia in Verbindung treten wollen.

Das Schweigen Pius XII. und seiner Nachfolger

War es Zufall oder göttliche Fügung? Am 13. Mai 1917 war die Muttergottes den drei kleinen Sehern zum ersten Mal erschienen. Dies war – 22 Jahre später – auch der Tag der Bischofsweihe von Eugenio Pacelli, dem späteren Pius XII. (1939–58). Am 4. April 1957 war das 1944 von Schwester Lucia aufgeschriebene dritte Geheimnis von Fatima mit der Bitte in den Vatikan übermittelt worden, es nicht vor 1960 bekannt zu geben. Zu diesem Zeitpunkt kannte der alte und kranke Papst den Inhalt des Schreibens bereits. Er hatte Olga de Cadaval, eine ihm aus seiner Jugendzeit bekannte Dame der römischen Gesellschaft, um Informationen über das dritte Geheimnis von Fatima gebeten. Die in Portugal verheiratete Gräfin de Cadaval stand jahrzehntelang mit einer Sondererlaubnis des Papstes in enger Verbindung mit Schwester Lucia und war deren Sekretärin und Vertraute. Da Pius XII. den Umschlag mit dem dritten Geheimnis nach seinem Amtsantritt nicht im Geheimarchiv des Heiligen Offiziums angefordert hatte, heißt es noch heute im Vatikan, er habe das dritte Geheimnis von Fatima überhaupt nicht gekannt. Merkwürdig: Dem französischen Journalisten Robert Serrou von Paris Match fiel bei einem Besuch im

Appartement des Papstes am 14. Mai 1957 ein kleiner hölzerner Safe ins Auge. Er trug die Aufschrift „Secretum Sancti Officii" (Geheimnis des Heiligen Offiziums), wie die Glaubenskongregation früher genannt wurde. Mutter Pascalina Lehnert, die deutsche Haushälterin von Pius XII., vertraute ihm daraufhin an: „In dem Kästchen wird das dritte Geheimnis von Fatima aufbewahrt." Klar, dass das die Schlagzeile seiner Reportage wurde.

Zwischen Fatima und Pius XII. besteht ein enger Zusammenhang. Der Papst, dessen Pontifikat mit dem Zweiten Weltkrieg zusammenfiel, fürchtete die von Russland ausgehenden Spaltungen und die Bedrohung für den Fortbestand der Kirche. Als Pius XII. am 9. Oktober 1958 starb, hinterließ er keinerlei Notizen, die seinem Nachfolger Aufschluss darüber geben konnten, wie es der Papst im Jahre 1960 mit der Veröffentlichung des dritten Geheimnisses halten wollte.

Der neue Papst, Johannes XXIII. empfing Mutter Pascalina in den ersten Tagen seines Pontifikats (1958–63) mehrmals in Privataudienz. Sie überbrachte ihm einige persönliche Gegenstände seines Vorgängers, darunter Messgewänder, die die Seherin Schwester Lucia dos Santos für Pius XII. angefertigt hatte. Der Papst freute sich über die Geschenke, die ihn an seinen Vorgänger und dessen Ergebenheit für das Unbefleckte Herz der Muttergottes erinnerten. Als Patriarch von Venedig hatte er im Jahre 1956 an einer ergreifenden Zeremonie in Fatima teilgenommen, wo er auf Einladung des Bischofs von Leiria die Feiern zum 25. Jahrestag der Weihe

Portugals an das Unbefleckte Herz Mariens leitete. Danach dachte er immer an die kleinen Seher, berichtet sein früherer Privatsekretär, Erzbischof Loris Capovilla. Er schenkte seinen Besuchern Bildchen der Hirtenkinder und sagte: „Wir müssen ein bisschen wie diese Kinder werden, wenn wir ins Himmelreich gelangen wollen." Capovilla schreibt in einem Brief an die Verfasserin vom Mai 2000: „Johannes XXIII. zweifelte aufgrund der wundersamen Vorkommnisse im Vatikan nicht einen Augenblick daran, dass Pius XII. aufgrund der Fürbitte der Muttergottes unter einem außerordentlichen göttlichen Zeichen stand." Damit meinte er wohl das von Papst Pius XII. viermal erlebte Sonnenwunder und eine Christuserscheinung.

Von Papst Johannes XXIII. ist bekannt, dass er den Umschlag mit dem dritten Geheimnis am 17. August 1959 von der römischen Glaubenskongregation anforderte und in die Päpstliche Sommerresidenz Castelgandolfo bringen ließ. Da Schwester Lucia das Geheimnis im örtlichen Dialekt aufgezeichnet hatte, musste ein portugiesischer Übersetzer aus dem Vatikanischen Staatssekretariat zur Hilfe geholt werden. Johannes XXIII. hatte auch die Anwesenheit seines Beichtvater gewünscht. Er soll aber gelacht haben, nachdem er das dritte Geheimnis von Fatima zur Kenntnis genommen hatte. Vielleicht kamen ihm die Pfeile merkwürdig vor, mit denen der „weißgekleidete Bischof" aus der Vision getötet wird. Er entschied, die Verkündigung des Geheimnisses werde er dem Urteil anderer überlassen. Die Gründe dafür legte er in einer per-

Der Papst im Gebet vor der Muttergottesstatue in Fatima

sönlichen Notiz dar, die er bis zu seinem Tod zusammen mit Anmerkungen über das dritte Geheimnis in einem Umschlag auf dem Schreibtisch seines Schlafzimmers aufbewahrte. Acht Monate waren zu diesem Zeitpunkt seit der Einberufung des Zweiten Vatikanischen Konzils am 25. Januar 1959 vergangen. Es stimmt also keineswegs, dass sich Johannes Paul II. durch die Lektüre des dritten Geheimnisses zur Einberufung des Konzils hatte bewegen lassen. Ganz anders: Der Gedanke, ein Konzil einzuberufen, sei ihm von seinem Schutzengel eingegeben worden, verriet der Papst später einem kanadischen Bischof. Der Wiener Kardinal König hat mit Papst Johannes XXIII. während des Zweiten Vatikanischen Konzils mehrfach über das dritte Geheimnis von Fatima gesprochen. Der Papst meinte damals gegenüber König, dass der Text nicht veröffentlicht werden könne, da er zur damaligen Zeit nicht verstanden worden wäre. 1959 hatte ein hoher kirchlicher Würdenträger vor, Schwester Lucia eine Ansprache an die Menschheit halten zu lassen, doch Papst Johannes XXIII. wollte davon nichts wissen. Er bevorzugte das Schweigen. Das Jahr 1960 näherte sich und verging. Auch am 13. Mai 1960, dem 43. Erscheinungstag, der von den Zeitungen als mögliches Datum für eine Veröffentlichung genannt wurde, gab es keinerlei Enthüllung. Damals hätte keiner gedacht, dass noch 40 Jahre vergehen würden, bevor ein Papst entschied, das Geheimnis zu veröffentlichen.

Papst Paul VI. ließ sofort nach seiner Wahl 1963 den früheren Privatsekretär seines Vorgängers, Monsignore Capovilla, zu sich rufen. Er wollte wissen, wo der Umschlag mit dem dritten Geheimnis geblieben war. Es war behauptet worden, er sei spurlos verschwunden. Tatsächlich lagerte er auf Nummer sicher im Geheimarchiv des Heiligen Offiziums. Capovilla erinnert sich, dass Papst Paul VI. ihn um alle Informationen bat, die das Dokument betrafen. „Ich erinnere mich nicht mehr, ob das im Juli 1963 war oder ein paar Monate später. Aber wir können glauben, dass er das Geheimnis und die Notiz Johannes XXIII. las." Papst Paul VI. hat das Dokument jedoch erst am 27. März 1965 gelesen. Auch entschied er spontan, dass eine Veröffentlichung nicht opportun sei und er sie anderen überlassen wolle. Daraufhin sandte er den Umschlag an das Geheimarchiv des Heiligen Offiziums zurück.

Dass Paul VI. die Botschaft von Fatima jedoch für wichtig hielt, bewies er am 13. Mai 1967. Er kam persönlich zu den Feiern anlässlich des 50. Jahrestages der Erscheinungen. Es war seine vierte Auslandsreise. Drei Millionen Portugiesen jubelten ihm zu, als er in einem alten weißen, mit dem Päpstlichen Wappen verzierten Rolls Royce die 50 Kilometer vom Flughafen Monte Real in den Wallfahrtsort fuhr. In seiner Predigt sagte er: „Ihr wisst, dass die Welt unglücklich und besorgt ist. Der erste Grund für diese Besorgnis ist die Verständigung, die Schwierigkeit der Friedenssicherung. Alles scheint die Welt auf Brüderlichkeit und Einheit hinzudrängen. Und doch brechen immer wieder schreckliche Konflikte auf. Zwei Hauptgründe sind es, welche die historische Lage der Menschheit besonders ernst erscheinen lassen: Sie besitzt entsetzliche mörderische Waffen und ist in moralischer Hinsicht nicht so weit fortgeschritten wie auf wissenschaftlichem und technischem Gebiet. Deshalb sagen wir: Die Welt ist in Gefahr." Er flehte die Muttergottes von Fatima an, sie möge der Welt und der Kirche das unschätzbare Gut des Friedens schenken.

Als Schwester Lucia nach ihm schicken ließ und um eine Unterredung bat, ließ der Papst ihr nur sagen, sie möge sich an ihren Diözesanbischof wenden. Ob Paul VI. nach dem Attentat auf den Philippinen am 27. November 1970 wohl an den „weißen Bischof" aus dem dritten Geheimnis von

Fatima gedacht und bereut hat, der Einladung der Seherin nicht gefolgt zu sein? Erzbischof Pasquale Macchi, sein ehemaliger Privatsekretär, schweigt zu diesem Thema. „Ein Privatsekretär, ist, was Geheimnisse anbelangt, sein ganzes Leben lang ein Privatsekretär", schreibt er in einem Brief vom 7. Mai 2000 an die Autorin dieses Buches. Er räumt jedoch in diesem Brief auch mit einem liebevoll gehegten Mythos der philippinischen Regierung auf und enthüllt, dass er selbst es war, der dem Montini-Papst das Leben gerettet habe. In der Presse war damals berichtet worden, Präsident Marcos habe sich vor Paul VI. geworfen. Bei dem tragischen Vorfall in Manila rannte damals plötzlich ein als Priester gekleideter Mann auf den Papst zu. In der einen Hand trug er ein goldenes Kreuz, in der anderen Hand einen in einem Tuch verborgenen malaysischen Krummdolch. Mit einem schnellen Hieb verletzte er den Papst an der Brust nur knapp unter dem Herzen. Instinktiv warf sich Monsignore Macchi auf den Attentäter, den er im ersten Augenblick für einen religiösen Fanatiker hielt, und drängte ihn in die Arme der philippinischen Sicherheitspolizei. Alles ging blitzschnell, erinnert sich Macchi. Keiner hatte in der Aufregung gemerkt, dass der Papst durch die bösartige Klinge verletzt worden war. Der Papst lächelte nach einem ersten Moment des Schreckens mild, fast so, als ob er glücklich sei, dass er für Christus und für die Kirche Blut vergießen durfte. Danach betrat er das Rednerpult, um die Begrüßungsansprache zu halten und achtete nicht darauf, dass sich sein weißes Gewand in der Zwischenzeit mit Blut befleckt hatte. Als sein Leibarzt ihn später endlich in der Apostolischen Nuntiatur von Manila untersuchen konnte, entdeckte er eine tiefe Wunde. Er empfahl dem Papst am Nachmittag Ruhe zu halten und das Programm abzusagen. Doch Paul VI. wollte davon nichts wissen. Er tat so, als sei nichts geschehen, um kein Aufsehen zu erregen und um seine Verletzung geheim zu halten.

Von Johannes Paul I. (1978) heißt es, er habe während seines 33-tägigen Pontifikats keine Zeit gehabt, das dritte Geheimnis von Fatima zu lesen. Aber genau weiß es keiner. Johannes Paul I. hatte nämlich allen Grund dazu, das Geheimnis im Wortlaut kennen lernen zu wollen. Der Papst, dessen plötzlicher Tod im Alter von 66 Jahren weltweit Anlass zu Spekulationen gegeben hatte, war 1977, während seiner Amtszeit als Patriarch von Venedig, nach Fatima gepilgert. Kurz danach besuchte Albino Luciani seinen Bruder Edoardo in dessen. In einem Telefongespräch mit der Verfasserin dieses Buchs erklärte Edoardo am 29. Mai 2000: „Meine Frau und ich erinnern uns ganz genau, dass Albino von irgendetwas tief erschüttert war. Auf unsere Frage, was denn mit ihm los sei, antwortete er, Schwester Lucia habe ihn, als er in Fatima war, rufen lassen. Eigentlich war er davon ausgegangen, dass die Unterredung im Kloster Coimbra nur zehn Minuten dauern würde. Doch das Gespräch (das am 11. Juli 1977 stattfand) habe dann über zwei Stunden gedauert. ‚Ich muss immer an das denken, was Schwester Lucia mir gesagt hat – sie hat mir schwerwiegende Gedanken im Herzen gelassen‘, wiederholte er damals immer wieder." Über den Inhalt der Unterredung habe der Papst aber nichts verraten. Damals hätten er und seine Frau gedacht, die Seherin habe ihrem Verwandten etwas über kommende Katastrophen vorhergesagt. Heute seien sie jedoch der Meinung, dass ihm Schwester Lucia seine Wahl zum Papst und einen frühzeitigen Tod prophezeit hat.

Von den Vorgängern Johannes Paul II. war zweifellos Pius XII. am engsten mit den Geschehnissen in Portugal verbunden. Zweimal hat er die Welt dem Unbefleckten Herzen der Muttergottes geweiht und damit ihre Forderung erfüllt. 25 Jahre lang hatten die kirchlichen Behörden gewartet, bis sie sich nach eingehenden Untersuchungen im Jahre 1942 zu einer teilweisen Bekanntgabe der Geheimnisse entschlossen, die den drei Hirtenkindern von der Muttergottes anvertraut worden waren. Der Ruf der Muttergottes nach Buße und Umkehr hatte sich zu dieser Zeit weit über Portugal hinaus verbreitet. Zur Jubiläumsfeier am 13. Mai 1942, inmitten des Kriegs, waren 300.000 Menschen herbeigeströmt, um für ein Ende der Kriegshandlungen zu beten. Papst Pius XII. hatte den in Fatima versammelten Gläubigen von Rom aus in einem Glückwunschtelegramm seinen besonderen Segen erteilt. Am 31. Oktober 1942 und dann von neuem am 8. Dezember 1942 weihte er die Kirche und die Welt dem Unbefleckten Herzen der Muttergottes. Am 18. März 1948 wiederholten die Bischöfe der ganzen Welt auf seinen Wunsch hin diese Weihe in ihren Diözesen. Zu einer Massenkundgebung war es am 13. Oktober 1951 in Fatima gekommen.

Tiefe Ergriffenheit löste die Enthüllung des päpstlichen Legaten Kardinal Tedeschini aus, Papst Pius XII. habe selbst viermal hintereinander und zwar am 30. und 31. Oktober sowie am 1. und 8. November 1950 jeweils gegen 16 Uhr bei Spaziergängen in den Vatikanischen Gärten die „Sonnenerscheinung" von Fatima gesehen. Kardinal Tedeschini: „War das eine Belohnung? War das ein Zeichen göttlicher Anerkennung für die Definition des Dogmas von der Aufnahme Mariens in den Himmel? War das ein himmlisches Zeugnis, das die Verbindung von Fatima mit dem Mittelpunkt, dem Haupt der Wahrheit und des katholischen Lehramtes, verbürgt? Vielleicht alle drei Dinge zusammen." Am 1. November 1950 hatte Pius XII. das Dogma der Aufnahme Mariens in den Himmel verkündet, das unter den anderen christlichen Konfessionen Protestaktionen auslöste. In seiner Predigt am 13. Oktober 1951 hatte Kardinal Tedeschini auch daran erinnert, dass die erste Erscheinung Mariens am 13. Mai 1917 gleichsam eine Antwort des Himmels auf den angsterfüllten Aufruf von Papst Benedikt XV. dargestellt hatte. Dieser hatte am 5. März 1917 alle Gläubigen in der Welt aufgefordert, sich an das Herz Jesu zu wenden und es über das Herz der Muttergottes anzurufen. Erstaunliches Zusammentreffen: In der Zeit, in der Pius XII. das Sonnenwunder gesehen zu haben glaubte, befand sich die kleine Statue der Muttergottes von Fatima in Rom. Von hier aus trat sie dann mit dem Flugzeug eine fünfzehnmonatige Weltreise an, die sie unter anderem nach Australien und Burma führen sollte.

Das Papstattentat

Generalaudienz am Mittwoch, den 13. Mai 1981. Es ist 17.17 Uhr. 15.000 Menschen, ein großer Teil von ihnen Polen, Spanier und Amerikaner, grüßen auf dem Petersplatz Papst Johannes Paul II., der auf einem weißen Jeep stehend langsam durch die Menge fährt. Jemand hält ihm ein kleines, blondes Mädchen entgegen. Der Papst drückt es kurz an sich, gibt das Kind zurück. Dann peitschen plötzlich Schüsse über den Petersplatz. Drei oder vier, in schneller Reihenfolge. Der Papst sinkt in sich zusammen, gleitet langsam auf den Sitz des Jeeps zurück, in die Arme seines polnischen Sekretärs, Monsignore Stanislaus Dziwisz. Ein Bild, das um die Welt gehen wird. Die Menge, die dem Papst eben noch Beifall geklatscht hat, wird plötzlich still. Nur die Schmerzensschreie zweier von den Kugeln ebenfalls verletzter amerikanischer Frauen sind zu hören. Der Papst ist von drei Schüssen in den Bauch, in den rechten Oberarm und in den Zeigefinger der linken Hand getroffen worden. Der weiße Jeep fährt rasend schnell durch das Glockentor ins Innere des Vatikans zurück. Erst jetzt beginnen die Menschen auf dem Petersplatz zu verstehen, dass etwas Furchtbares geschehen ist. Ein Mordanschlag auf den Heiligen Vater. Anfangs können es die Pilger nicht glauben. Viele brechen in Tränen aus. Szenen der Verzweiflung spielen sich ab. Im allgemeinen Durcheinander versucht ein junger Mann mit dunkelhäutigem Gesicht zu fliehen. Es ist Ali Agca, der 23-jährige Türke, der die Schüsse auf den Papst abgegeben hat. Agca wird festgehalten, überwältigt von Gendarmen, die ihn nur mühsam vor der Lynchjustiz fassungslos entrüsteter Pilger hatten retten können. Unterdessen wird der Papst in rasender Fahrt in die römische Gemelli-Klinik gebracht. Der Krankenwagen hat den Vatikan um 17.29 Uhr verlassen. Auf der Fahrt verliert der Papst drei Liter Blut. Einbahnstrassen und Vorfahrten werden missachtet. Es geht um jede Minute. Johannes Paul II. wird um 17.55 Uhr in den Operationssaal gebracht und sofort operiert. Einer der Träger berichtet später, der Papst habe geflüstert: „Wie konnten sie das tun. Warum haben sie das getan?" Dieselbe Frage stellen sich wenig später die Menschen aller Nationen. Millionen von Gläubigen liegen in dieser Nacht auf den Knien und beten für das Leben des Papstes. In Polen bleiben die Kirchen die ganze Nacht über geöffnet. In Rom sind viele nach der Generalaudienz auf dem Petersplatz geblieben. Sie beten und weinen gemeinsam. Um 18.40 Uhr verkündet ein Priester über Lautsprecher: „Es wurde kein lebenswichtiges Organ getroffen." Applaus. Die Nachricht wird auf Spanisch, Französisch, Deutsch und Englisch wiederholt. Die Menschen atmen auf. Anfangs war das Gerücht umgegangen, die Bauchspeicheldrüse sei von einer Kugel getroffen worden. Um 23 Uhr melden die Nachrichten, dass der Papst nach einem fünfstündigen Eingriff aus dem Operationssaal gebracht worden ist. Die

Chirurgen Crucitti, Salgarello und Marin hatten zahlreiche Risse am Darm genäht. Eine Prognose behalten sie sich noch zwei Tage vor.

Seinen 61. Geburtstag am 18. Mai feierte der Papst im Krankenhaus. Drei Wochen später konnte er das Krankenhaus verlassen, musste sich aber im Juli einer zweiten Operation unterziehen. Die Verwundungen beim Attentat haben die Gesundheit des Papstes auf seinem weiteren Lebensweg stark beeinträchtigt. Wenn die linke Hand des Papstes heute übermäßig zittert, dann ist dies nicht nur ein Symptom der Parkinsonkrankheit, sondern auch eine Attentatsfolge. Eine weitere Konsequenz war auch eine im Juli 1992 notwendig gewordene Darmoperation des Papstes. Damals war ein orangengroßes Geschwür entfernt worden, das in seinem Inneren bereits Zellveränderungen aufgewiesen hatte. Das Geschwür hatte sich nach Aussage der Ärzte an einer Nahtstelle der Darmoperation von 1981 gebildet.

Der Attentäter:
Spielball der Geheimdienste?

Aschfahles Gesicht. Eingefallene Wangen. Graue kurzgescho-
rene Haare. Tief in den Höhlen liegende Augen. Der heute
43-jährige sieht aus wie ein alter Man. 19 Jahre Haftstrafe hat
Ali Agca bis zu dem Tag seiner Begnadigung durch den italienischen Staatspräsidenten Carlo Azeglio Ciampi abgebüßt.
Die Auslieferung an die Türkei bezeichnet der Angehörige der
nationalistischen türkischen Organisation „Graue Wölfe" als
„einen Traum, der sich erfüllt hat". Als er am 13. Juni 2000
die Gangway zu dem türkischen Flugzeug hinaufsteigt, das
ihn von Ancona in sein Heimatland bringen soll, wirft er kei-
nen Blick zurück. Auch für seine Mitgefangenen hatte Ali Agca kein Wort des Abschieds. Er fühlte sich immer über sie erhaben. Nicht umsonst macht er geltend, dass seine Hand beim
Attentat „von einer höheren Gewalt" geführt worden und er
selbst unschuldig sei. Seit der Ankündigung von Kardinal-
Staatssekretär Angelo Sodano, das Papstattentat sei im dritten
Geheimnis von Fatima vorhergesagt worden, hatte Agca ver-
stärkt auf einen Gnadenerlass durch den italienischen Staatspräsidenten und eine vorzeitige Entlassung wegen guter Führung gedrängt. Johannes Paul II. hatte diese Maßnahme im
Zuge der Versöhnungsgesten im Heiligen Jahr 2000 befür-

Ali Agca trifft den Papst: Versöhnungsbegegnung im Gefängnis.

wortet. Er selbst hat seinem Attentäter zweimal öffentlich vergeben: das erste Mal, als er mit schwacher fiebriger Stimme am 17. Mai 1981 vom Krankenbett aus das sonntägliche Angelus-Gebet sprach, das zweite Mal bei seinem Besuch im römischen Gefängnis Rebibbia am 27. Dezember 1983, wo er mit Ali Agca eine längere Unterredung unter vier Augen führte. Bei der historischen Versöhnung haben ein französischer Vatikanjournalist und ein Kameramann ein paar Gesprächsfetzen erhaschen können: „Also. Sie sind hier… Die göttliche Vorsehung… Sie haben viel gelitten… Ihre Hand… Fatima…" Dann kam die Verzeihung des Papstes und große Rührung.

Die volle Wahrheit über die Hintermänner des Komplotts wird nun wahrscheinlich für immer im Dunkeln bleiben. Stattdessen wird man sich mit Vermutungen begnügen müssen: War Agca ein Einzeltäter? War er von östlichen wie westlichen Geheimdiensten, die sich gegenseitig das Papstattentat in die Schuhe schieben wollten, beobachtet und herummanövriert worden? Ist es nicht seltsam, dass die unerwartete Begnadigung nur wenige Tage nach dem Besuch des russischen Präsidenten Vladimir Putin im Vatikan erfolgte? Das Staatsoberhaupt möchte den Papst im Jahre 2001 in Moskau begrüßen. Etwaige Enthüllungen Agcas über die Drahtzieher des Attentats oder möglicherweise auch noch das Auftauchen von Beweisen aus den Archiven der Geheimdienste wären für beide Seiten – den Vatikan und die Russische Föderation – eine große Belastung. Sie würden die Vorbereitungen für den ersten Besuch eines Papstes in Moskau erheblich stören. Es dürfte dem ehemaligen KGB-Chef daher mehr als Recht sein, wenn Agca aus Italien in ein unbekanntes Schicksal entschwindet. Der Papstattentäter, der jetzt in dem türkischen Hochsicherheitsgefängnis Kartal bei Istanbul einsitzt, könnte schneller ein toter Mann sein als er denkt. Untersuchungsrichter Rosario Priore, der im Prozess gegen Agca eine entscheidende Rolle spielte: „Auch wenn Agca als gedungener Killer sicher nur das letzte Glied des Komplotts war, besteht jetzt ein ernsthaftes Risiko für sein Leben." Der Traum von der Freiheit könnte für den Killer, der die italienischen Richter immer mit Lügen bedient hat, zum Alptraum werden. In der Türkei muss er noch zehn Jahre wegen des im Jahre 1978 im Auftrag der „Grauen Wölfe" begangenen Mordes an dem Chefredakteur der türkischen Zeitung *Milliyet* absitzen. Die ursprünglich über ihn verhängte Todesstrafe ist inzwischen im Zuge einer Amnestie in zehn Jahre Haft abgemildert worden. Es mehren sich auch die Stimmen, denen zufolge sich Agca so hartnäckig für eine Begnadigung in Italien eingesetzt hat, weil er weiß, dass ihn seine mächtigen Hintermänner in der Türkei auch diesmal nicht im Stich lassen werden. Schon im Jahre 1978, nach nur 158 Tagen Haft, hatten sie ihn aus dem Gefängnis geholt. Damals war ein Wächter bestochen worden.

Die heute sogar im türkischen Parlament sitzende rechtsextreme Fraktion der „Grauen Wölfe" hat sich allerdings am Tag seiner Begnadigung von Ali Agca losgesagt und betont, sie hätten mit ihm und dem Papstattentat nichts zu tun. Gelingt es dem Attentäter auch diesmal zu entkommen, dann kann ihm schlichtweg alles passieren. Wer weiß, ob nicht alle Seiten aufatmen werden, wenn ein lästiger Zeuge aus dem Weg geschafft ist, der nie die Wahrheit darüber gesagt hat, wer ihm die Tatwaffe und die im Vorfeld des Papstattentats nachweislich ausgegebenen 40.000 Dollar bersorgt hat. Zwar hat

Agca selbst frech in einem Brief an Kurienkardinal Silvio Oddi vom 24. September 1982 geschrieben: „Ich gestehe, dass ich Angst vor euch im Vatikan habe. Eines Tages könntet ihr mich direkt oder indirekt umbringen." Doch der Türke sollte sich besser vor denen in Acht nehmen, die ihn als Handlanger für das Attentat benutzt haben. Der frühere italienische Ministerpräsident Giulio Andreotti dazu in einem Gespräch mit der Verfasserin: „Das Papstattentat ist für mich das beunruhigendste Geheimnis der vergangenen dreißig Jahre. Es ist beunruhigend, dass Ali Agca vor dem Attentat in jeder europäischen Hauptstadt Sympathisanten gefunden hat, die ihn mit Geld und anderen Dingen unterstützten. Das große Fragezeichen, wer diese Leute sind oder was für eine Organisation das ist, wird nun wohl für immer stehen bleiben."

Der erste Prozess Ali Agcas hatte sich um die Frage gedreht, ob er ein verrückter Einzeltäter war oder ob es Hintermänner gab. Der zweite Prozess hatte die von Agca selbst angegebene „bulgarische Spur" untersucht, die angeblich aus dem Ostblockland zu Mittelsleuten beim KGB führte. Doch es gab keinerlei Beweise für diese Fährte, auf die die italienische Justiz von den eigenen Geheimdiensten in Zusammenarbeit mit dem amerikanischen CIA gelockt worden war. Es gibt zu denken, dass Agca in seinen Jahren im Gefängnis immer wieder Besuch von Agenten des italienischen Geheimdienstes erhalten hatte. Und nie ist die Frage geklärt worden, warum der französische Geheimdienst den Vatikan bereits mehrere

Monate vor dem Attentat warnte. Auf eine Anfrage der italienischen Justiz wurde geantwortet, Präsident François Mitterrand habe verboten etwas darüber preiszugeben.

Aus diplomatischen Gründen ist der Vatikan niemals auf die immer wieder erhobenen Anschuldigungen eingegangen, der KGB könnte hinter dem Attentat gestanden haben. Eine entsprechende Anklage – ohne Beweise in der Hand zu haben – hätte in der Zeit des Kalten Kriegs sicherlich eine noch härtere Christenverfolgung in der Sowjetunion und deren Satellitenstaaten ausgelöst. In der heißen Auflehnungsphase der polnischen Gewerkschaft „Solidarität" gegen das kommunistische Regime 1979 und 1980 hätte angesichts der explosiven Situation ein Mord am polnischen Papst leicht zu einem blutigen Aufstand führen können.

Eine andere interessante Frage ist auch, wie die Drahtzieher des Attentats ausgerechnet auf den aus dem Gefängnis entflohenen Türken kamen? Vielleicht durch eine damals von keinem ernst genommene Drohung, die er in der Zeitung *Milliyet* anlässlich des Papstbesuchs in der Türkei im November 1980 veröffentlichte. Darin kündigte er an, er werde Johannes Paul II. töten, denn dieser sei ein „Kreuzzugskommandant", der sich als Religionsführer verkleidet habe. Vielleicht nutzten die Hintermänner seine Verfügbarkeit und benutzten ihn als Spielball in einem Ränkespiel vieler verschiedener Geheimdienste.

Aus dem Vatikan verlautet, dass Papst Johannes Paul II. sich niemals für den Fortgang des Prozesses gegen Agca und für die Drahtzieher des Attentats interessiert habe. Auf die Frage, wer denn seiner Ansicht nach die Hand Ali Agcas bewaffnet haben könne, soll er einmal ungeduldig geantwortet haben: „Der Teufel kann auf Tausende von Arten Verschwörungen anzetteln."

Erste Seligsprechung von Kindern in der Geschichte der Kirche

Von Pater Peter Gumpel, Rom*

Es ist sehr viel über die Geheimnisse von Fatima spekuliert worden. Ich persönlich bin der Meinung, dass dabei sehr viel Unsinn geschrieben und gesagt worden ist. Dies hat uns, mich und den römischen Beauftragten der Seligsprechungen, Pater Paolo Molinari SJ, bewogen, die außerordentlichen Phänomene bei unseren Untersuchungen mit großer Vorsicht zu behandeln. Wichtig ist jedoch: In Verbindung mit den Erscheinungen erst des Engels und dann der Muttergottes trat im Leben der Kinder eine grundsätzliche Wende ein. Jacinta und Francisco, die vor dem Auftreten der außerordentlichen Phänomene völlig normale Kinder waren, begannen ein Leben des Verzichts und der Buße zu führen. Es war ihr vorbildliches Verhalten, das den Ausschlag zur Seligsprechung gegeben hat, nicht die Visionen. Sie haben beim Verfahren zur Seligsprechung keine Rolle gespielt.

---

* Der in Rom lebende deutsche Jesuitenpater Peter Gumpel war gemeinsam mit Pater Paolo Molinari maßgeblich am Seligsprechungsverfahren für die Hirtenkinder von Fatima beteiligt.

Erstmals werden mit den kleinen Sehern aus Fatima Kinder seliggesprochen. Jacinta und Francisco waren neun und zehn Jahre alt, als sie an einer Lungenentzündung starben. Das hat zu Beginn der Untersuchungen in den fünfziger Jahren zu Schwierigkeiten geführt. Man war damals der Meinung, dass so junge Kinder nicht in der Lage seien, vorbildliche Tugenden auszuüben. Der Zweifel ging auf die Vorgaben von Papst Benedikt XIV. (1740–1758) für Seligsprechungen zurück. Er hatte für alle Seligen eine lange Zeit vorbildlich gelebter Tugenden – mindestes zehn bis fünfzehn Jahre – gefordert. Den Weg für Kinder zur Seligkeit hat aber dann ein anderer Papst geebnet: Papst Pius X. (1903–14). Er war der Meinung, Kinder seien mit sechs Jahren reif genug, um zur Erstkommunion zu gehen und verlegte ihre Zulassung von 12, 13 oder 14 auf sechs Jahre, was damals eine große innerkirchliche Diskussion auslöste. Zur Seligsprechung der Kinder von Fatima musste eine Umfrage unter den Bischöfen gestartet werden. Erstaunlicherweise war die Antwort durchweg positiv. Daraufhin konnte 1981 eine Studienkommission eingesetzt werden. Diese kam unter Hinweis auf Pädagogen, Ärzte, Psychologen, Kirchenrechtler und Theologen zu dem Ergebnis, dass Kinder durchaus ein Leben voller heroischer Tugenden führen könnten und sehr wohl die psychologische Möglichkeit hätten, rational das Gute vom Bösen zu unterscheiden. Diese Unterscheidungsmöglichkeit war Kindern in der Auffassung des Altertums, die sich auch im Mittelalter und über viele Jahrhunderte hinweg erhalten hatte, nicht gegeben. Die Suche nach einem für die Seligsprechung erforderlichen Wunder verzögerte die Untersuchungen, doch schließlich wurde es gefunden. Maria Emilia dos Santos, eine heute 69-jährige portugiesische Frau, die sich zwanzig Jahre lang aufgrund einer schweren Verletzung der Wirbelsäule nicht bewegen konnte, erlebte auf Fürbitten der beiden kleinen Seher hin eine unerklärliche Genesung. Am 25. März 1987 konnte sie sich plötzlich im Bett aufsetzen. Am 20. Februar 1989 konnte sie sogar wieder laufen. Die eingesetzte Medizinerkommission bestätigte das Wunder. Am 22. Juni 1999 stimmten die Kardinäle der Seligsprechung zu, und sechs Tage später unterschrieb Johannes Paul II. das Seligsprechungsdekret. Nun war der Weg frei. Der Papst entschloss sich, zur Seligsprechung zum dritten Mal nach Fatima zu reisen.

Bei vielen Gläubigen besteht der Eindruck, dass Heiligkeit durch Erscheinungen oder durch das Auftreten zum Beispiel von Stigmata bestätigt werde und nicht durch das vorbildliche Leben. Seligsprechungen sollen dieser Tendenz entgegenwirken. Sie sollen die Menschen anspornen, die christlichen Tugenden in ihrem Glauben hundertprozentig zu leben. Worte gehen zum einen Ohr hinein und zum anderen wieder hinaus. Vorbilder aber ziehen an, inspirieren, bleiben bestehen. Außergewöhnliche Phänomene sind extrem selten und können von den Gläubigen nicht herbeigeführt werden. Dagegen sind Tugenden wie Frömmigkeit, Treue, Hoffnung und vor allem die Nächstenliebe sehr wohl für einen jeden nachahmbar.

Pilger bei der Seligsprechung der Hirtenkinder in Fatima